Ben Redelings

-Album

Fotos, Anekdoten
rund um den VfL Bochum

Bildnachweis

Horstmüller: 12 (u.), 16 (o.l.), 22 (o.), 23 (o.), 39, 43, 60, 65 (u.), 66 (o.), 69 (o.), 71 (o.r.), 79, 83, 94 (u.), 101 (2), 103, 107 (o.), 109 (o.), 118, 119 (l.), 125 (o.), 135, 139, 141 (2), 143, 144 (u.), 155 (r.)

imago sportfoto: 1, 10 (o.), 11 (u.), 14 (u.), 15 (o.), 30 (o.), 36 (o.), 37 (u.), 48, 56 (u.), 59, 63, 86 (u.), 89 (u.r.), 91, 96 (o.), 114 (Peschel), 121 (u.), 123, 131, 137 (o.), 140 (u.l.), 152 (u.), 153 (2), 154 (o.)

Bernd Kreienbaum: 106 (u.)

Stephan Oesterwalbesloh: 76 (o.)

Gerrit Starczewski: 16 (u.), 19, 24, 26 (o.), 33, 51, 52 (o.), 54, 68, 72, 88 (o.), 96 (2), 110, 111 (2), 120, 121, 122, 126 (3), 130 (2)

Ein besonderer Dank geht an Hans Walitza und Bernd Kreienbaum für die Fundstücke aus ihrer Sammlung!

Nicht in allen Fällen konnte die Urheberschaft an den Fotos ermittelt werden.
Der Verlag bittet um entsprechende Hinweise, um berechtigte Ansprüche abzugelten.

Bibliografische Information der Deutschen Nationalbibliothek:
Die Deutsche Nationalbibliothek verzeichnet diese Publikation in der Deutschen Nationalbibliografie; detaillierte bibliografische Daten sind im Internet über http://dnb.d-nb.de abrufbar.

Lotzestraße 22a, D-37083 Göttingen
www.werkstatt-verlag.de

Satz und Gestaltung: Verlag Die Werkstatt
Druck und Bindung: Grafisches Centrum Cuno, Calbe

ISBN 978-3-7307-0101-0

Ben Redelings

VfL-Album

Unvergessliche Sprüche, Fotos, Anekdoten rund um den VfL Bochum

VERLAG DIE WERKSTATT

VfL BOCHUM:

Pokal-schreck 1968

Nach Siegen über KSC, VfB und Mönchengladbach will der VfL nun die Bayern aus dem DFB-Pokal werfen.

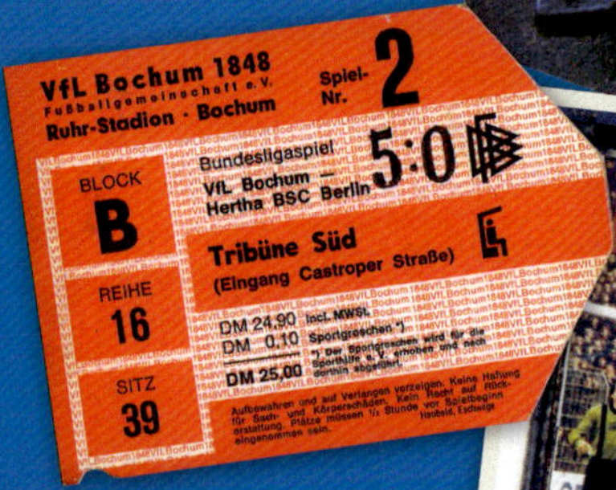
VfL Bochum 1848
Fußballgemeinschaft e.V.
Ruhr-Stadion · Bochum
Spiel-Nr. 2
Bundesligaspiel
VfL Bochum – Hertha BSC Berlin
5:0
BLOCK B
REIHE 16
SITZ 39
Tribüne Süd
(Eingang Castroper Straße)
DM 24,90 incl. MWSt.
DM 0,10 Sportgroschen *)
DM 25,00

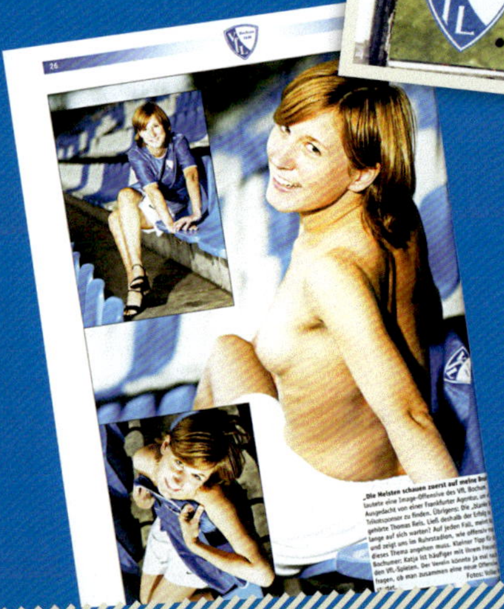

»Der VfL wird eigentlich so bleiben, wie er immer war: unberechenbar, wenig erfolgreich, sympathisch und liebenswert!«

(Radiokommentator Günther Pohl)

»Bochum ist zu **Hause** wirklich 'ne **Heimmannschaft**.«

(Boris Becker)

»Kaum hatte ich beim VfL unterschrieben, da habe ich den größten Karpfen meiner Angler-Karriere gefangen. **86 Zentimeter lang und 10,7 Kilogramm schwer** – wenn das kein gutes Omen ist.«

(Jan Simunek)

»In Bochum wurde früher so geholzt, dass sogar der Ball eine **Gefahrenzulage** verlangt hat.«

(Max Merkel)

»Okay, ich will die **Ehe von Hermann Gerland** nicht gefährden, aber wenn er zu Hause gefragt wird: Wo willst du leben, in München oder in Bochum, dann würde Hermann sofort Bochum sagen. Gar kein Thema!«

(Ata Lameck)

Hermann Gerland

»**Ich bin heute noch stolz darauf,** wenn gesagt wird: ›Der Gerland, das ist ein Klopper gewesen, ein Treter.‹«
(Hermann Gerland)

HSV-Stürmer Horst Hrubesch ist nicht gut auf den Bochumer Verteidiger **Lothar Woelk** zu sprechen: »Der Woelk dürfte den Rasen normalerweise nur mit einem Waffenschein betreten. Der tritt auf alles, was sich bewegt.«

Autogrammkarte aus den 1970ern

Christian Gross kommt aus der Schweiz zum VfL Bochum. Der Mann ist 25 Jahre alt und hat bereits eine schöne Pläte. Ein Kiebitz beim ersten Training über Gross: »Wat will der denn hier? Der hat sich wohl vertan. Die Alten Herren trainieren doch morgen erst!«

Autogrammkarte der Saison 1980/81

»Alles hat gestimmt: Das **Wetter** war gut, die **Stimmung** war gut, der **Platz** war gut –
nur wir waren schlecht.«

(Dariusz Wosz)

»Bravo Sport« vom 12. März 1997

»In der letzten Saison hat der VfL Bochum von fünf **Elfmetern** sechs verschossen.«
(ran)

»Da muss man auch mal die **Eier** auf den Tisch legen.«

(Kevin Vogt nach einem Spiel gegen Cottbus, bei dem er den Ausgleichstreffer schoss)

»Die Leute wussten, dass ich kein **Osterhase** bin, der vorne auf die Eier wartet.«

(Stürmerstar Hans Walitza)

»Wenn einer die Hosen voll hat, sehe ich das.«

(Hermann Gerland)

»Das wundert mich nicht. Wir haben die **Mannschaft** ganz **karibisch** zusammengestellt.»

(Bochums Manager Klaus Hilpert)

»Den **Pass** hätte sogar ich mit einem Spurt von der Bank noch abfangen können.«

(Peter Neururer zur Lethargie seiner Abwehrspieler bei einem 40-Meter-Pass)

fL-Express

Manfred Breuckmann vom WDR:

Mit 16 Jahren von Datteln nach Bochum!

GAST KOMMENTAR

»Bochum gegen **Cottbus**, das ist eh kein Straßenfeger. Dann auch noch keine Tore – ich kenne Reporter, die wären da persönlich beleidigt.«

(Manni Breuckmann)

»Nach dem **0:2** sind wir aufgewacht, haben frech nach vorn gespielt und hinten einen Mann aufgelöst.«

(Klaus Toppmöller)

»Ich hätte ihm auch **Rot** zeigen können, aber er hatte am nächsten Tag **Geburtstag**, da wollte ich nicht so hart sein.«

(Schiri Dr. Franz-Xaver Wack über eine Gelb-Rote Karte für Bochums Martin Meichelbeck)

»Wir müssen endlich mal anfangen, uns **keine Torchancen** zu erspielen.«

(Andreas Wessels)

»Es kann doch niemand behaupten, dass **Sex** am richtigen Ort zur richtigen Zeit Schaden anrichtet.«

(Tomasz Waldoch zur Entscheidung von Trainer Engel, bei der WM den Besuch der Spielerfrauen zu gestatten)

Autogrammkarte von »Rakete« Eggeling

»**So ein Mist.** Jetzt muss ich mich umstellen: Von Bier auf Jägermeister!«

(Heinz-Werner ›Rakete‹ Eggeling bei seinem Wechsel nach Braunschweig)

»Er spricht zwar **kein Wort Deutsch**, unterhält aber die ganze Mannschaft.«

(Peter Neururer über Eric Wynalda)

»Wenn der **Trainer** in der Halbzeit alle Fehler aus der ersten Hälfte analysiert hätte, hätten wir auch die zweite verschlafen.«

(Thomas Reis)

Starschnitt ……………………
Hermann Gerland

»Wissen Sie, ich bin ein besessener Fußballer, aber ich hatte noch nie einen Titel gewonnen. Und nun war ich dabei, wenn der renommierteste Verein Deutschlands einen Triumph feiert. Da habe ich an meine Bochumer Zeiten als Profi gedacht, wo Mutter meine Trainingsklamotten waschen musste, und wir Spieler, wir durften uns beim Mittagessen entweder für Suppe oder Nachtisch entscheiden. Da gab es nur entweder – oder, beides kriegte keiner. In mir war immer der Wunsch, einmal sagen zu können: Einer aus Bochum war ein bisschen am Gewinn der Deutschen Meisterschaft beteiligt. Und jetzt stand ich da auf dem Balkon und war überwältigt von dem Gefühl: Junge, du hier oben – es hat sich alles gelohnt!«

»Es sollte sich herumgesprochen haben, dass ich Pferde züchte. Aber wenn meine Weide in diesem Zustand wäre, würde ich die **Herde** nicht rausschicken.«

(Über die Platzverhältnisse in Berlin)

»Sie schwitzen ja schon, wenn Sie ein **Mikrofon** in der Hand halten müssen.«

(Als ihn ein TV-Reporter auf die Schwächen seiner Mannschaft ansprach)

»Nach **20 Minuten** waren zwei von denen angeschlagen. Die sind gehumpelt! Aber die sind schneller gehumpelt als wir gelaufen!«

»Heute hatten wir Scheiße anne Füße!«

»Auf Gefühle gebe ich gar nichts. Dreimal hatte ich das Gefühl, einen Sohn gezeugt zu haben, und wir haben **drei Töchter** zu Hause.«

»Da kam unser Präsident **Ottokar Wüst** in die Kabine und hat gesagt: ›Männer, ich habe viel Gutes gesehen.‹ Da habe ich gesagt: **›Da müssen Sie blind sein!‹**«

»**Ich bin** ein altmodischer Trainer. 32 Jahre mit derselben Frau verheiratet, nicht tätowiert, ohne Ring im Ohr, nicht gepierct.«

»Ich bin froh, dass ich ein **Arbeiterkind** bin, nach wie vor. Und ich weiß, dass ich beim Kacken die Beine krumm machen muss wie jeder andere auch.«

»Fußball ist wunderbar, wenn da nur nicht die Niederlagen wären.«

»Wir waren alle vorher überzeugt davon, dass wir das Spiel **gewinnen**. So war auch das Auftreten meiner Mannschaft – zumindest in den ersten zweieinhalb **Minuten**.«

(Peter Neururer)

»Tut Ernst Ernst rein? Oder tut Ernst Rein rein?«

(«kicker«-Überschrift)

»Wenn ein 16-Jähriger, der mit Ach und Krach unfallfrei den Ball stoppen kann, mit drei Beratern erscheint, um einen **Millionenvertrag** auszuhandeln, ertrage ich das einfach nicht.«

(Bernard Dietz auf die Frage, warum er nicht weiter die Profis des VfL Bochum trainiere, sondern wieder die Amateurmannschaft übernehme)

Bernard Dietz mit Frau Petra, Sohn Christian und Papagei Lore im März 1979

»Gute **Organisation**, gutes **Essen**, gute **deutsche Mark** – die Bundesliga gefällt mir.«

(Eric Wynalda)

Saison 1992/93: Die Szene ist legendär. Manfred Bender sprintet bei der Partie des VfL Bochum gegen seine Karlsruher in der 70. Minute beim Stand von 2:2 auf das Tor von Ralf Zumdick zu – mutterseelenallein. Als er den VfL-Keeper auch noch ausgeschaltet hat, schießt er den Ball statt in den verlassenen Kasten nur vor das Bochumer Tor. Niemand weiß warum, Bender selbst angeblich auch nicht. Später erzählt VfL-Spieler Jörg Schwanke mit einem breiten Grinsen im Gesicht, was passiert ist. Gerade in dem Moment, als Bender abschließen will, habe er »Spiel ab!« gerufen – und der KSC-Profi habe das, warum auch immer, tatsächlich getan!

Schlitzohr Schwanke verlud Bender: "Hey, spiel ab!"

»Er lief, lief und lief und das Spiel lief völlig an ihm vorbei.«

(Radiokommentator Günther Pohl über Richard Sukuta-Pasus Auftritt in Paderborn)

»Ich bin nicht verheiratet, also habe ich auch keine Not, Schürzenjäger zu sein.«

(Maurizio Gaudino)

Der wundersame .... Herr Osieck

Am achten Spieltag holt sich der VfL Bochum beim VfB Stuttgart eine Klatsche ab. VfL-Trainer Holger Osieck nach der Partie:

»Wenn man mit **1:4** verliert, erkennt es Amnesty International sogar als Folter an.«

Holger Osieck, der Trainer des VfL Bochum, auf die Frage, wie er denn die Leistung des Schiedsrichters Hans-Peter Best bei der 2:3-Niederlage gegen den HSV gesehen habe:

»Tja, was soll ich sagen? Er war einfach da!«

»Ich gehe als Coach stets davon aus, dass Nichtwissen durch Wissen besser zu heilen ist als durch Besserwisserei.«

(Holger Osieck)

Holger Osieck (2. von rechts) mit den Neuzugängen Dimitrios Moutas, Sven Christians und Joo Sung Kim (von links)

Beckenbauers Co-Trainer bei der WM 1990 in Italien, Holger Osieck, ist 1992 als Coach beim VfL Bochum gescheitert. Als das Ende naht, versucht Osieck den Stress mit Essen zu bekämpfen: **»Ich hatte ein unheimliches Verlangen nach Süßem. Schon seit Saisonbeginn haute ich mir Marzipan und Kuchen rein.«** Die Zeit in Bochum verläuft insgesamt eher unglücklich. In Erinnerung bleiben Osiecks denkwürdige Worte nach einem Spiel bei brütender Hitze gegen Borussia Dortmund (0:0). Schwitzend rechtfertigt er die Nichtleistung beider Mannschaften mit den Worten: **»Da kommst du raus und kriegst erst einmal einen Schlag vor die Birne. Da erholst du dich 90 Minuten nicht von!«** Legendär auch der Gebrauch eines lateinischen Begriffs vor staunenden Pressevertretern nach einem anderen Spiel. **»Das sind eben die Imponderabilien des Fußballs«**, sagt Osieck und genießt sichtlich den sprachlichen Triumph über die Journalisten vor ihm. Als er rausgeschmissen wird, verabschieden sich einige Medienvertreter genüsslich mit genau diesen Worten bei Osieck. Die »Unwägbarkeiten« des Fußballs haben ihn am Ende den Job beim VfL gekostet.

EM 1988: Teamchef Franz Beckenbauer, Co-Trainer Holger Osieck und Maskottchen Berni beim Singen der Hymne

»Wir haben Schalke die Tore geschenkt. Da spielen wir hinten 3 gegen 1 und jeder wünscht dem anderen **viel Glück**.«

(Peter Neururer)

Torwarttraining beim VfL 1979 mit Reinhard Mager und Werner Scholz

»Wenn der heute noch spielen würde, der könnte das Geld, was er verdienen würde, **gar nicht mehr ausgeben.** So gut war er!«

(Hermann Gerland über Torwart Werner Scholz)

Werner Scholz

Werner Scholz (1. 12. 1944), der Torhüter, der schon bei Alemannia Aachen und bei Hamborn 07 zwischen den Pfosten stand, war in vielen Spielen Halt und Stütze der Bochumer und zählt zu den Besten seines Fachs.

»Wenn die Bochumer wieder dabei sind, dann glauben sie, ihnen gehört die **Bundesliga**. Und dann heulen sie rum, weil sie zum 100. Mal abgestiegen sind.«

(Andreas Möller)

»In **Thomas** fließt halt immer noch ein bisschen blau-weißes Blut.«

(Rein van Duijnhoven über einen Fehler des früheren Bochumers Thomas Ernst vom VfB Stuttgart, der dem VfL im Abstiegskampf Luft verschaffte)

»Die wollten mich klauen.«

(Bochums Neuzugang Alexej Belik, der von einem anderen Spielerberater auch dem MSV Duisburg angeboten worden war)

»**Er kann gar nix**, zieht ein Bein nach, ist langsam und hat links wie rechts keinen Torschuss.«

(Peter Neururer ironisch über Tommy Bechmann)

»**Wenn man links keinen aufstellt**, dann kann links auch keiner spielen.«

(Yildiray Bastürk über die Taktik von Trainer Zumdick)

»VfL? Bedeutet das nicht ›**Verein für Ligawechsel**‹?«

(So machte sich der Politiker Peer Steinbrück bei einem Auftritt in Bochum selbstverständlich viele Freunde.)

Starschnitt ……………………
Peter Neururer

»Wenn wir ein **Quiz** machen würden unter den Trainern in Deutschland, wer am meisten Ahnung hat von Trainingslehre, Psychologie, und der Trainer mit den besten Ergebnissen kriegt den besten Klub – dann wäre ich bald bei Real Madrid.«

Neururer mit Blaulicht und Schreckschuss-Revolver erwischt

»Besonders sexy bin ich ja bestimmt nicht, aber seit ich als Trainer arbeite, beherrsche ich zumindest die **Verbal*E*R*O*T*I*K***.«

»Ich werde mir eine **Schaf-Farm** in Neuseeland kaufen und Schafswurst herstellen, um sie nach Bayern zu exportieren. Nee, mal im Ernst, was für eine blöde Frage ist das? Wie denkt man sich solche Fragen aus? Gibt man sein Hirn schon vor oder erst nach dem Journalistikstudium ab?«

(Auf die Frage nach seinen Plänen nach dem geschafften Wiederaufstieg in die Bundesliga)

»Ich gebe es zu, das sah aus wie **Breakdance** für Arme.«

(Über seine Freudentänze an der Seitenlinie)

Die VfL-Trainer Peter Neururer, Frank Heinemann und Nico Michaty (v. l.) waren ebenso wie der gesamte Bundesliga-Kader des VfL vor Ort

Aufbruchstimmung beim VfL: Neuer Aufsichtsrat

»Wie ich **gelesen** habe, wird es sehr schwer für uns in Bochum. Mein Kollege weiß ja, wie das Spiel ausgeht. Deswegen fahren wir dahin, um die Niederlage in Grenzen zu halten.«

(Bayern-Trainer Felix Magath zu Äußerungen des Bochumer Trainers)

»Unglaublich, wie Peter der Größte den **Ruhrpott-Tango** o.P. (ohne Partner) hinlegt. Wie der im Jubel über den Platz stakst – so was kenn' ich sonst nur von liebeskranken Störchen …«

(Max Merkel über die Tanzkünste von Peter Neururer)

»Mit **Neururer** kommst Du vielleicht noch bis zum nächsten Rotweinhändler, aber sicher nicht mehr in die Bundesliga.«

(Aus einem VfL Bochum-Fanforum)

»Bin ich jetzt die **Claudia Schiffer** für Arme, oder was?!«

(Bei einem Fototermin)

»Eine geheime **Telefonnummer** würde ich mir nie zulegen, auch wenn ich beim Essen 30-mal die Gabel hinlegen muss.«

Bochums Trumpf sind in der Saison 2003/2004 vor allem die ausländischen Spieler **Vahid Hashemian, Raymond Kalla** und **Sunday Oliseh**. Um den Teamgeist zu stärken, hat Trainer Neururer ihnen verboten, sich in ihren Heimatsprachen zu unterhalten. Beim VfL soll Deutsch gesprochen werden, so der Wunsch des Übungsleiters. Und die Anweisung von Coach Peter Neururer nehmen sich die Spieler zu Herzen. Als Oliseh doch einmal eine andere Sprache wählt, stutzt ihn Kalla mit einem verzagten Lächeln um die Mundwinkel zurecht: **»Ey, Sunday, sprich Deutsch, du Arschloch!«** Bis zu seiner Suspendierung (er verpasst Hashemian in der Halbzeitpause eines Spiels eine Kopfnuss) ist Oliseh Bochums wichtigster Spieler und ein enger Vertrauter von Neururer. Vor der Saison sagt der Nigerianer bei einer Kabinenansprache zu seinen Mitspielern: **»Männer, lasst uns einfach spielen und nicht den Maradona probieren!«** Und freut sich anschließend sehr über die Reaktion von Coach Neururer: **»Der Trainer hat gesagt: ›Genau!‹ Das werde ich nie vergessen.«**

P253 253 ARDtext Fr 24.08.07 23:57:34

1. Bundesliga Fußball

1.	VfL Bochum	3	2	1	0	6:4	7
2.	Bay. München	2	2	0	0	7:0	6
3.	Hamburger SV	3	2	0	1	3:2	6
4.	Schalke 04	2	1	1	0	6:3	4
5.	Arm. Bielefeld	2	1	1	0	5:3	4
6.	E. Frankfurt	2	1	1	0	3:2	4
7.	Hertha BSC	2	1	0	1	3:2	3
7.	Karlsruher SC	2	1	0	1	3:2	3
9.	MSV Duisburg	2	1	0	1	4:4	3
9.	VfL Wolfsburg	2	1	0	1	4:4	3
11.	Hannover 96	2	1	0	1	2:2	3
12.	1. FC Nürnberg	2	1	0	1	2:3	3
13.	Energ. Cottbus	2	0	1	1	1:2	1
14.	B. Leverkusen	2	0	1	1	0:1	1
15.	VfB Stuttgart	2	0	1	1	3:5	1
16.	Werder Bremen	2	0	1	1	2:6	1
17.	Hansa Rostock	2	0	0	2	1:5	0
18.	Bor. Dortmund	2	0	0	2	2:7	0

> 254

250 << – + 2. BL live TV Guide

»Ich glaube, wenn man die Hoffnung hat, die **Deutsche Meisterschaft** mitfeiern zu wollen, dann ist man entweder riesiger Optimist, wenn man sich hier diesem Verein anschließt, oder Visionär oder was weiß ich, vielleicht auch doof.«

(Journalist Christoph Biermann)

In Bochum verkraftet man den ersten **Abstieg** in der Geschichte nur schwer. Zu ungerecht empfindet man die unterschiedliche Auslegung der Lizenzbedingungen. Man kann nicht einsehen, warum Dynamo Dresden für sein finanzielles Vergehen in dieser Spielzeit erst in der nächsten Saison bestraft werden soll. VfL-Manager Klaus Hilpert fasst den Unmut zusammen: **»Dynamo Dresden hat jetzt einen neuen Trikot-Werbepartner: DFB. Dresdener Fußball-Bund.«** Auch einen anderen VfLer (im Herzen) nimmt das Schicksal seines ehemaligen Vereins sehr mit. Mitten im Meistertrubel wird **Thorsten Legat** von Bochums Abstieg unterrichtet. Legat sackt zusammen: **»Am liebsten könnte ich jetzt weinen!«**

Starschnitt Lothar Woelk

»An ein Ding mit dem Bochumer Lothar Woelk erinnere ich mich ganz gut. Wir haben uns beharkt, ich kriegte schön auf die Socken und nahm mir vor, ihm den Ellbogen richtig in den Magen zu rammen, dass er sich krümmte und ich erst mal Ruhe hatte. Lothar kommt, ich haue zu, volle Lotte. Und der Kerl bleibt stehen, atmet nicht einmal durch! **Da habe ich Muffe bekommen.**«

(Dieter Schatzschneider)

„Modehaus Seide" heiß das Geschäf das Bochum Mittelfeld-spieler Woe (links) mit s ner Frau Elle eröffnet hat

Woelks neue Branche: Damen-Unterwäsche

● Bochums Kapitän **Lothar Woelk** (34) gilt bei seinen Kollegen in der Bundeslig als eisenharter Mann. Dreimal in seiner Karriere war er der Spitzenreiter in de Gelben-Karten-Liste. Nun hat sich Woelk einer seidenweichen Sache verschrie ben: In Recklinghausen eröffnete er ein Geschäft für Damen-Unterwäsche – nu reine Seide aus Hongkong. Natürlich muß sich der Fußballer gelegentlich in seinen Modehaus sehen lassen, „aber die Beratung macht meine Frau", hat er seinen grin senden Mannschaftskameraden versichert.

»Die Fans wollen gute Spiele und Siege sehen, aber wenn du alles gibst und in der letzten Minute unglücklich verlierst, dann verzeihen sie dir das auch. Denn Fußball ist ja keine Verarsche, sondern **Wahrheit**.«

Abwehrrecke Lothar Woelk hält nichts von Doping-Tests. Seine einfache Begründung: **»In der Bundesliga gibt's keine Ben Johnsons.«**

»Vielleicht hat der schon zu viele **Bälle** vor den Kopf bekommen!«

(Lothar Woelks Antwort auf die Frontalattacke von Bayernstar Dieter Hoeneß: »Der Woelk ist einer der größten Treter der Bundesliga!«)

»Wir haben den Woelk im Training immer Netzer gerufen, weil er glaubte, er wäre so gut wie **Netzer**. War er aber nicht!«

(Konditionstrainer Erich Klamma)

Torwarttraining mit Reinhard Mager (links) und Werner Scholz, in der Mitte Konditionstrainer Klamma

»Der hat dich **doof** und **duselig** gequakt. Auch die Schiedsrichter. Der war nur am Quaken!«

(Jupp Kaczor über Lothar Woelk)

Wolfram Wuttke von Lautern und unser Bochumer, Lothar Woelk, haben es sich bei einer Dopingprobe mal richtig gutgehen lassen. Sieben Liter Bier, also vierzehn Flaschen, mussten sie den beiden in die Umkleidekabine bringen. Der Aufsicht führende Arzt meinte, nachdem die Spieler endlich genug Wasser lassen konnten, völlig fassungslos: **»Woelk hatte am Ende bestimmt 2,1 Promille im Blut.«**

Bundesliga-Profis haben manchmal auch ihren ganz persönlichen Tick. Lothar Woelk vom VfL Bochum etwa. In seinem Haus in Herten steht das Telefon nicht auf dem Schreibtisch oder hängt an der Wand, nein, der Mittelfeldspieler ließ sich etwas ganz Besonderes einfallen. Telefonate werden stilecht von der Zelle aus geführt. Nur auf den Münzfernsprecher verzichtet Woelk. Wär' ja auch zu umständlich …
Foto: Fritz Linse

»Spaghetti zum **Frühstück** sind beschissen!«

(Peter Neururer über die frühen Anstoßzeiten in der zweiten Liga)

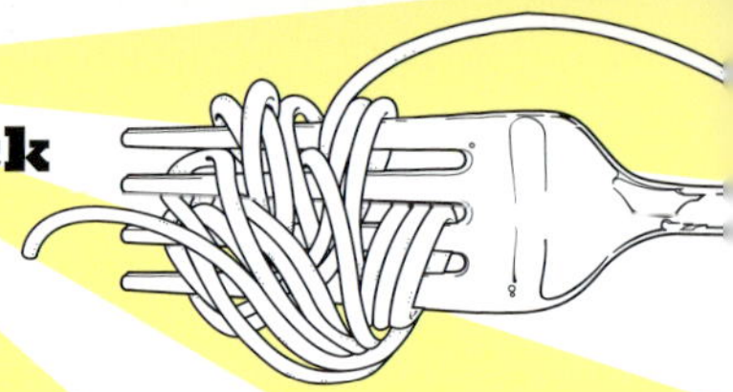

»Wenn Herr **Neururer** erst mal Chelsea trainiert, womit ja nach seiner eigenen Einschätzung täglich zu rechnen ist, wird er feststellen, dass er sogar um 12:45 Uhr spielen muss.«

(Der DFL-Geschäftsführer Christian Seifert über die Kritik von Peter Neururer an den frühen Anstoßzeiten)

Frage an **Ken Ilsö**: **»Dein witzigster Streich?«**
Antwort: **»Im Training bei der Fortuna habe ich einem Mannschaftskollegen während des Laufens die Hose heruntergezogen. Dummerweise trug er keine Unterwäsche und hatte sich die Hose auch nicht zugebunden, so dass sie bis zu den Knöcheln fiel. Und das war für das Laufen eher suboptimal! Ich kann mich aber nicht mehr an den Namen des Mitspielers erinnern.«**

»Ich bin **Abenteurer**. Ich will keine Verantwortung übernehmen.«

(Mit diesen Worten verabschiedete sich Ken Ilsö vorzeitig vom VfL.)

Christa Jewers: »Da fällt mir eine kleine Geschichte ein: Ich hab mir mal die Stoßstange eingefahren, die war danach hinüber. Da sag ich: Ata, ich hab mir gestern die Stoßstange kaputt gefahren. Er nimmt mich in den Arm und sagt: ›Macht doch nichts. Das ist doch kein Problem.‹ Und am nächsten Tag hat er mir eine neue besorgt. Das ist Ata Lameck.«

In Bochum will man das Talent **Thorsten Legat** unbedingt längerfristig an den Verein binden. Präsident **Ottokar Wüst**: »So dumm können wir doch gar nicht sein, einen 21-Jährigen laufen zu lassen, von dem sich der Verein in Zukunft noch viel erhofft.«

Dumm nur, dass Manager **Hilpert** ausgerechnet den Tag der Vertragsunterzeichnung mit Legat komplett vergessen hat. Der Jungstar sitzt stundenlang wie ein kleiner Schuljunge vor dem Büro des Managers und wartet. Doch Klaus Hilpert ist bereits außer Haus. Ein bisschen verarscht sei er sich da schon vorkommen, sagt Legat und unterzeichnet wenige Tage später doch.

Peter Neururer nimmt eine Torflaute des VfL mit Humor: **»Das ist wie in der Liebe. Immer nur Petting ist auf Dauer sehr frustrierend. Irgendwann muss auch mal einer rein.«**

»Warum könnt ihr denn nicht hinten nah am Mann bleiben? **Vorne geht's doch auch …**«

(Fan des VfL im Jahre 2013)

»Mein Leben mit dem VfL Bochum ist keines mit der **Hoffnung** auf eine Deutsche Meisterschaft, einen Pokaltitel oder sonst was. Nee!«

(Journalist Christoph Biermann)

Nach einem Kantersieg beim Freiburger FC ist Präsident Ottokar Wüst verständlicherweise mal wieder in prächtiger Laune. Seine Spieler kennen das schon. Und so verwundert es sie nicht, als Wüst beim anschließenden gemeinsamen Essen ruft: »Ein großer Erfolg, wir haben viel erreicht. Und als Belohnung machen wir alle eine Reise. Nach Bagdad.« Jürgen Köper erwiderte ebenso begeistert: **»Ja, klar. Genau wie letztes Jahr nach Amerika, was?!«**

»Beim VfL hat man jede Sekunde panische **Angst**, dass es einschlägt. Selbst bei einer 4:0-Führung gegen Köln könnte ja plötzlich etwas eintreten und das Spiel geht 4:4 aus. Ist ja alles schon da gewesen. Ein Fußballspiel als VfL-Fan ist ja in erster Linie richtiger Stress. Weil du ja davon ausgehen musst, wenn du in die Saison gehst, dass du mindestens die Hälfte deiner Spiele verlierst – und dann hast du ja schon eine gute Saison gespielt.«

(Radiokommentator Günther Pohl)

Jupp Nehl bei der Vertragsunterzeichnung

Jupp Nehl sollte eigentlich zur Fortuna nach Düsseldorf wechseln, doch im letzten Moment entscheidet sich der »Professor« für den VfL und begründet dies später so: »Bei der Fortuna saßen mir neun Leute gegenüber, von denen jeder mehr zu sagen hatte als der andere. In Bochum hat sich Ottokar Wüst erkundigt, welche Gehaltsvorstellungen ich habe, und nach einer Stunde unterschrieb ich einen Lizenzspielervertrag!«

»Ich bin sehr lustig, in Bochum zu sein.«

(Chong Tese)

»Es sollte sich jeder mal bewusst werden, was die Fans für Möglichkeiten haben. Und sie sollten die nicht nutzen, das Team oder einzelne Spieler niederzumachen. **Die Macht der Zuschauer** ist riesengroß, sie wissen es nur nicht!«

(Achim Weber)

Delron Buckley auf die Frage, warum er es, als er damals aus Südafrika kam, nur bei Teams aus dem Ruhrgebiet probierte: »Weil ich zu der Zeit in Deutschland ja noch niemanden kannte und im Hotel wohnen musste. Da konnte ich nicht nach München zu den Bayern gehen.« Nachfrage: »Weil es hier billiger ist?« »Ja, genau!«

Karl Bruckmeyer, 1995 im »SZ«-Feuilleton:
»›Klassische Musik ist unzerstörbar‹, so ein Zitat. Doch verhält es sich mit der klassischen Musik wie mit dem VfL Bochum, für den einst das Wort ›unabsteigbar‹ geprägt wurde und der jetzt sein Dasein im fußballerischen Unterhaus fristen muss.«

»Von mir aus können sie in der Oberliga spielen – **ich werde immer ein Fan des VfL bleiben.**«

(Herbert Grönemeyer, der bei der Präsentation seiner Platte »Bleibt alles anders« den Journalisten erzählte, er habe gerade blau-weiße Unterwäsche von seinem Lieblingsklub an)

Herbert Grönemeyer, Hans Walitza und Frank Goosen

Die große Bochumer Schauspielerin **Tana Schanzara** über **Sunday Oliseh**: **»Oh, ein lustiger Typ. Wahrscheinlich auch sehr kräftig, nix Verwaschenes. Gucken Sie sich mal die Zähne an. Ich hab da was im Fernsehen gesehen, über Ausgrabungen in Ägypten. Da haben die Schädel gefunden, die waren alt und eingeschlagen. Aber Zähne hatten die, wie Perlen. Solche hat der Sunday auch. Tät mir gefallen!«**

Frage an **»Zwetschge« Misimovic** zur neuen Saison: »Was ist drin im Pokal?« Antwort Misimovic: **»Im Pokal ist gar nix drin. Der ist leer!«**

Im »Aktuellen Sportstudio« räumt **Peter Neururer** im Jahre 2004 mit einem sich nach wie vor hartnäckig haltenden Gerücht auf. Siegestrunken kommt er nach dem Einzug des VfL Bochum in den UEFA-Cup nicht etwa mit einer Pilstulpe verschmitzt lächelnd ins Studio stolziert, nein, Neururer, der Junge aus dem Ruhrgebiet, hält ein schönes Glas edlen Rotwein in seinen Händen. Dass er aber keine Spaßbremse ist, teilt er dem amüsierten Publikum unmissverständlich mit: **»Wir feiern nicht, bis der Arzt kommt. Den nehmen wir nämlich gleich mit auf die Party.«**

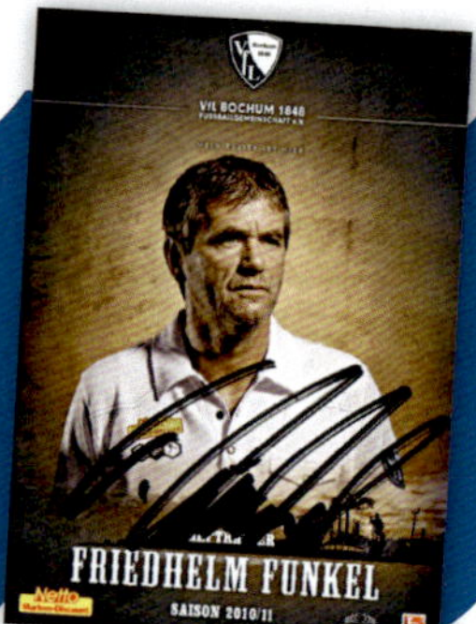

»Ich kann die Leute ja nicht mal mehr **schwimmen** gehen lassen.«

(Friedhelm Funkel zur Verletzungsmisere seiner Mannschaft)

»Das ist ein Verbrecher! Man sollte Strafanzeige gegen ihn erstatten. Wenn **Younga-Mouhani** zu alt und zu langsam ist und deshalb in Zweikämpfen zu spät kommt, soll er ins Altenheim gehen, statt Leuten die Beine zu brechen!«

(Mahir Saglik, nachdem Younga-Mouhani dem Bochumer Matías Concha im Zweikampf das Bein gebrochen hatte)

»Wir hatten gedacht, dass wir Bochum überrollen könnten.«

(Der genervte zweifache Torschütze Andreas Neuendorf nach einem glücklichen 2:2 von Hertha BSC beim VfL Bochum)

»Wir fahren nicht mit der Illusion nach **München**, dass die Bayern mit **2,2 Promille** auflaufen.«

(Dieter Versen vor einem Spiel gegen die Bayern, nachdem sie zuvor den Europapokal gewonnen haben)

»Ja, unsere **Fans** gehen streng mit der Mannschaft um. Aber Strenge ist auch **Liebe**.«

(Chong Tese)

»Als der **Rauch** kam, dachte ich, jetzt landet ein **Ufo**.«

(Miroslav Stevic, als bei einem Spiel eine Rauchbombe gezündet wurde)

Starschnitt ……………… Olaf Dressel

»Dressel, die Bochumer **Chef-Schwalbe.**«
(Jörg Dahlmann)

Eine der seltsamsten Roten Karten der Bundesligageschichte kassiert Dieter Eilts beim 0:0 in Bochum. In der 88. Minute zieht der Bochumer Olaf Dressel an ihm vorbei, und als Eilts erkennt, dass er nicht mehr an den Ball kommt, bremst er ab. Leider fällt Dressel in diesem Moment zu Boden. Schiedsrichter Kurt Witke zögert keine Sekunde und zeigt dem Bremer die Rote Karte. Als der VfL Bochum am Abend zu Gast im »Aktuellen Sportstudio« ist (die Sendung wird aus der nahegelegenen »Starlight Express«-Musicalhalle übertragen), gibt Dressel zu: **»Ich bin wegen eines Krampfs gestürzt!«**

»Dressels Beitrag zum **Mozart**-Jahr: ein Foul aus dem Knöchelverzeichnis.«
(Werner Hansch)

Werbeinfo der Stadt Bochum übers **Ruhrstadion**:
»Von keinem der **49.522 Plätze** sind Sie mehr als 30 Meter vom Geschehen entfernt – und das Wetter können Sie dank der kompletten Überdachung auch vergessen!«

Max Merkel im Sommer 1979: »Mit seinem neuen **Stadion** braucht Bochum nicht mehr zurückstehen hinter Dortmund, Schalke und Duisburg. Für mich ist der VfL jetzt der **Favorit**.«

Zu Beginn der Saison 1991/92 verschenkt der VfL

5.000 Fahnen

an seine Fans. Doch leider tauchen diese danach bei den Spielen nicht wieder auf. Frustriert meint ein Fanvertreter bei einer Sitzung unter seinesgleichen: **»Zu Hause im Schrank nützen sie keinem, höchstens den Motten als Nahrung!«**

Starschnitt
Hans Walitza

In Bochum haben sie mit Hannes Walitza einen echten Torjäger, der sogar das Interesse des FC Barcelona geweckt hat. Viele seiner Fans sind weiblich. In der Stadt wird er nur der »schöne Hans« gerufen. Und im Stadion singt man: **»Hannes, hol den Hammer raus!«** So wie am 18. Spieltag der Saison 1972/73 beim 1:1 gegen Braunschweig, als Walitza von der Mittellinie steil geht, diagonal zum Ex-Nationalspieler Eia Krämer passt, der einen langen Spurt hinlegt und zielgenau zurück auf Walitza flankt, der wie der Blitz im Braunschweiger Strafraum herumwirbelt und mit einem bombenähnlichen Schuss abschließt. Das Publikum ist aus dem Häuschen, und der »schöne Hans« streicht eine Strähne seiner langen braunen Haare lächelnd aus dem Gesicht – zur Verzückung all seiner weiblichen Anhänger.

»Ich kann mich an einen Artikel im ›kicker‹ erinnern: ›Schärfer als Gerd und Uwe‹. Da habe ich gedacht, war der betrunken, der das geschrieben hat? Das geht gar nicht. Die beiden waren die Mittelstürmer, die Deutschland hatte – Klaus Fischer. Da kommt dann lange nichts und dann irgendwann mal ich, an zehnter Stelle. Ja, oder an siebter!«

● Münchens Manager Schwan beobachtet ihn

Walitza wieder im Bayern-Visier

»Der bleibt im Stall!«

(Ottokar Wüst, Präsident des VfL Bochum, als Walitza 1973 gerne wechseln wollte)

Hans Walitza erinnert sich:
»Heinz Höher war mit dem Hansi Grieger auf dem Zimmer zusammen in Offenbach. Aufstiegsrunde, erstes Jahr. Und der Hansi hatte so eine unglaublich trockene Haut, der hat sich immer gekratzt nachts. Da konnte der Heinz nicht schlafen. Und irgendwann hat der Heinz mal gesagt: ›Jetzt ist Schluss, jetzt lass ich dich vor der Türe stehen.‹ Abgeschlossen! Und der Hansi hatte so ein rollendes R. Jetzt kam er nicht rein: ›Höherrr, mach auf!‹ Höher: ›Hansi, die Tür ist auf. Mach auf!‹ ›Höherrrr, mach auf!‹ Da hat der die Tür nicht aufgemacht. Bis Trainer Hermann Eppenhoff dann kam, da musste er die Tür aufmachen. Er wollte ihn nicht reinlassen. Nachts im Schlaf …! Höher hat uns dann mal reingeholt ins Zimmer, hat der Hansi nix gemerkt. Da hat der sich den Arm gekratzt. Unglaublich!«

Heinz Höher

Heinz Höher (11. 8. 1938), ein Trainer, der auch als Spieler einen guten Namen hatte und beim VfL Bochum seit 1972 uneingeschränktes Vertrauen genießt.

»Ärztliche Versorgung früher?
Wenn ich dem Masseur mein kaputtes rechtes Bein gezeigt habe, dann hat der links angefangen zu massieren!«

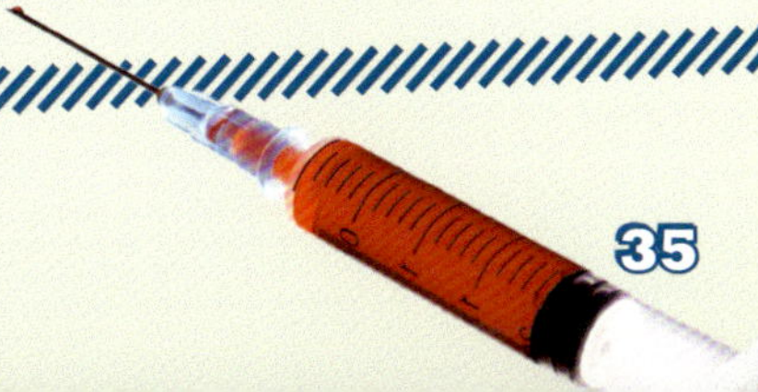

Als **Neururer** zu Saarbrücker Zeiten einmal ein Trainingsspielchen Raucher gegen Nichtraucher machen wollte, kam sein Kapitän Michael »Balu« Kostner ganz irritiert zu ihm angerannt: **»20 gegen zwei? Trainer, glauben Sie, das geht?«**

Eine **feurige Idee** haben die Verantwortlichen des SV Werder zum 100-jährigen Bestehen ihres Klubs. Vor der Partie gegen den VfL Bochum (1:1) dürfen Fans 100 bengalische Feuer entzünden. Doch das leuchtende Spektakel geht nach hinten los. Bereits nach wenigen Sekunden kann im Stadion niemand mehr irgendetwas sehen, so verraucht ist der Innenraum des Stadions. Und der Rauch will sich auch nach dem Abbrennen der Bengalos einfach nicht mehr aus dem weiten Rund des Weserstadions verflüchtigen. Bochums Manager Klaus Hilpert ist von der Aktion so begeistert, dass er hustend seine Bremer Kollegen fragt: **»Mensch, sagt mal, wo kann man denn diese tollen Dinger kaufen? Das wollen wir jetzt auch jede Woche im Ruhrstadion machen!«** Mit achtminütiger Verspätung wird die Begegnung schließlich doch noch angepfiffen.

»Ich werde mal gucken, ob wir noch zwei, drei Euro übrig haben. Ich weiß nicht, wie viel eine Uhr kostet, die wir Herrn Kemmling schenken können.«

(Peter Neururer meint, dass eine verlorene Partie viel zu früh abgepfiffen worden sei.)

Stürmer **Roland Wohlfarth** vom VfL Bochum, der in seinem Leben nie ein Kostverächter war, langt beim Essen mal wieder so tüchtig zu, dass er in seiner kalorienreichen Misslage keinen anderen Ausweg sieht, als in die nächstbeste Apotheke zu laufen und sich den Appetitzügler **»Recatol N«** zu besorgen. Zwar verliert der Torjäger daraufhin das eine oder andere Kilo, aber nach einem Dopingtest bei einem Hallenturnier auch die Berechtigung zu spielen. Die im Appetitzügler enthaltene verbotene Substanz »Norephedrin« macht Wohlfarth und dem VfL Bochum einen fetten Strich durch die Rechnung. Zwei Monate Sperre und 60.000 Mark Bußgeld sind die gerechte Strafe – im ersten Doping-Urteil der Fußball-Bundesliga vom 16. Februar 1995.

Roland Wohlfarth (li.) und Präsident Werner Altegoer vor der Verhandlung zum ersten Dopingskandal in der Bundesliga

Starschnitt
Uwe Leifeld

»Wenn er nicht auf dem **Teppich** bleibt, kriegt er einen auf die **Glatze**.«

(Hermann Gerland behält seinen Torjäger Uwe Leifeld fest im Auge.)

Seinen Namen hat der junge Uwe übrigens tatsächlich vom alten **»Uns Uwe« Seeler**. Einen Tag nachdem Deutschland bei der WM 1966 gegen Uruguay mit 4:0 (»Da hat der Uwe Seeler ein Supertor geschossen«) gewann, kam der kleine Leifeld auf die Welt: **»Natürlich hat mein fußballverrückter Vater mich dann Uwe genannt!«**

»Ich glaube, sein **Problem** liegt zwischen den Ohren.«

(Werner Hansch über Leifeld, nachdem dieser mehrere hochkarätige Chancen vergeben hatte)

»Spiel ich mal einen **Zauberpass**, entscheidet der Vogel auf Abseits!!!!«

(Rob Reekers über seinen Pass auf Uwe Leifeld im Pokalfinale 1988 in Berlin gegen Eintracht Frankfurt. Leifeld verwertete den »Zuckerpass« zum 1:0 für Bochum. Schiedsrichter Wilfried Heitmann aus Drentwede entschied jedoch auf Abseits. Das reguläre Tor, das Uwe Leifeld gegen Uli Stein schoss, zählte nicht und am Ende gewann Eintracht Frankfurt den Pokal.)

Bochums einsamer Torjäger Uwe Leifeld

Ich möchte bleiben, wie ich bin

Bochums Uwe Leifeld liegt fast mehr in Krankenhausbetten als zu Hause im heimischen Ehebett. Eine Narbe am Knie musste mit **dreißig Stichen** genäht werden. Der behandelnde Arzt meint hinterher zum Stürmer: **»Die erinnern dich immer daran, wie viele Punkte der VfL pro Saison braucht.«** Leifeld klagt vor allem die Unfairness der gegnerischen Abwehrhaudegen an: **»Der Emanuel Günther trat mir zweimal mit den Stollen in die Knöchel und sagte dann zu mir: ›Ich trete dich so klein, dass du nie wieder spielen kannst.‹«** Lauterns Torwart Gerry Ehrmann griff ihm in den Schritt und zischte trocken: **»Ich reiß dir alles ab!«** Besonders harte Jungs seien laut Leifeld vor allem aber die beiden Waldhöfer Roland Dickgießer und Dimitrios Tsionanis: **»Die sind wie Bud Spencer und Terence Hill. Die hauen auf alles drauf, was sich bewegt. Die wissen, wie sie an den Schienbeinschützern vorbeitreten müssen, um dich zu treffen.«**

Uwe Leifeld mit Frau Sabine und Dackel Waldi

»Diese Vierer-Abwehrkette der Bochumer ist eine Beleidigung für jede **Fahrradkette**.«

(Manfred Breuckmann)

Bei einem **Spiel** der Intertoto-Runde Anfang der neunziger Jahre in Israel haben sowohl der VfL Bochum wie auch der Gegner nur weiße Trikots im Gepäck. Als daraufhin die Bochumer in ihren blauen Trainingssweatshirts auflaufen wollen, stellt der Schiedsrichter die Forderung, dass wenigstens die Rückennummern angebracht sein müssten. Was also tun? Entschlossen greifen die Spieler zum Tapeverband und versuchen in einer kollektiven Basteleinheit mit künstlerisch wertvollen Verzierungen der Bitte des Schiedsrichters nachzukommen. Was bei Peter Knäbels Rückennummer **7** noch ganz gut gelingt, artet bei Benatellis **8** schon in den Bereich der surrealen Artefakte aus.

»Wir müssen **gucken**, dass wir den Köttel aus der Hose bekommen.«

(Philipp Heerwagen)

»Endlich habe ich mal wieder drei Punkte geholt.«

(Peter Neururer, als er mit 143 km/h – erlaubt waren 100 – geblitzt wurde)

»Wir arbeiten **vernünftig** mit dem Trainer zusammen, und das sieht man auch.«

(Christoph Dabrowski nach vier Niederlagen in Folge und dem 17. Tabellenplatz in der zweiten Liga über Trainer Funkel und die Mannschaft)

»Wenn ich mal im Training umspielt wurde, habe ich die ganze Woche gedacht: **Hermann**, wie kannst du so einen Zweikampf verlieren. Das gibt es doch überhaupt gar nicht!«

(Hermann Gerland)

»Vielleicht fällt ja noch einer vom **Baum**. Dann halten wir das **Netz** darunter und fangen ihn auf.«

(Friedhelm Funkel kommentierte so die Suche nach neuem Personal.)

Starschnitt ....
Thorsten Legat

Bochum hat eine neue **Nachwuchshoffnung**: Thorsten Legat. Schon als Kind ist er ein Fußball-Fanatiker, wie seine Mutter erzählt: »Wenn morgens um acht Uhr in unserer Straße eine Blechdose schepperte, wussten alle Bescheid: Der Legat ist unterwegs!« Auch Thorstens Freundin Nicol ist hin und weg vom gutgebauten VfL-Profi: »Von dem Tag an, als sie mich in Werne spielen sah, war sie hinter mir her.« Und Thorsten weiß schon jetzt, dass er auf ewig dem runden Leder verfallen ist: »Ohne Fußball bräche für mich die Welt zusammen.«

Der ehemalige Torhüter des VfL, **Andreas Wessels**, hat einmal eine kleine Sach- und Lachgeschichte über Thorsten Legat erzählt: »Als 17-Jähriger trainierte Thorsten Legat schon bei uns mit. Er war gerade dabei, seinen Führerschein zu machen. Wir mussten oft auf anderen Plätzen trainieren und sind mit unseren Autos hingefahren. Katze und ich haben dann einmal zu Thorsten gesagt: Heute fährst du! Du machst bei uns eine Gratis-Fahrstunde! Der ist munter durch Bochum gebrettert. Und wir hatten unseren Spaß. Als uns am Stadion schließlich **Jupp Tenhagen** gesehen hat, gab es ein fürchterliches Donnerwetter!«

Thorsten Legat wollte man aufgrund seiner **»Rückenbeschwerden«** lieber nicht zum Dienst an der Waffe heranziehen. Auf die Nachfrage, ob er denn diese Schmerzen auch beim Fußball oder Bodybuilding spüre, antwortet Legat ehrlich: **»Nee, nur beim Spazierengehen.«**

Dass es immer gut ist, wenn man auf alle **Eventualitäten** vorbereitet ist, erfährt Legat eines Abends auf einem Remscheider Rastplatz. Sechs spätpubertäre Raufbolde malträtieren Legat und seinen Audi bei einer McDonald's-Filiale an der Autobahnraststätte Jägerwald so lange, bis dieser in Panik aufs Gaspedal drückt und auf einer Straßenschwelle laut scheppernd aufschlägt. Die Jungs jubeln, johlen und lachen herzhaft. Das allerdings ist endgültig zu viel für den ehrlichen Malocher aus dem Ruhrgebiet. Legat steigt aus seinem Audi A4 aus, rennt zum Kofferraum und zieht unter den entsetzten Blicken der jugendlichen Straftäter ein gefährlich funkelndes Samurai-Schwert hervor. Einige Male fuchtelt Legat mit dem Schwert in der Luft herum und gibt erst Ruhe, als alle Angreifer in die Flucht geschlagen sind. Anschließend verstaut er seine Waffe in aller Seelenruhe wieder im Kofferraum. Bei der Abfahrt soll Legat mit einem Blick in den Rückspiegel noch ein abschätziges **»Scheißkindergarten«** gemurmelt haben.

Die **Regenbogentrikots** des VfL Bochum sind der letzte Schrei in der Liga. Die Kaiserslauterer Fans skandieren minutenlang: »Ihr habt hässliche Trikots!« Doch das brauchen sie den VfL-Anhängern eigentlich nicht zweimal zu sagen. Bei der Vorstellung der Leibchen während einer Feierstunde aus dem Bochumer Schauspielhaus zum erstmaligen Einzug in den UEFA-Pokal ist live im WDR-Fernsehen gut die Stimme eines entsetzten VfL-Fans zu hören, der beim Öffnen des Vorhangs ruft: »Boah, wie scheiße sieht das denn aus!« Bochums Sponsor **Norman Faber** hat die Produktion der Trikots in Eigenregie übernommen und dabei die bunte Farbenpracht seiner Lotto-Firma auf den Leibchen verewigt. Als die Mannschaft einen Tag später auf dem Bochumer Rathaus empfangen wird, singen die Anhänger unten auf dem Vorplatz immer wieder: **»Wir wollen blau-weiße Trikots, blau-weiße Trikots, wir wollen blau-weiße Trikots«.** Der Wunsch wird nicht erhört. Schlimmer. Durch die europaweite Präsenz mit den Spielen gegen Trabzonspor, Brügge und Amsterdam werden die VfL-Anhänger auch lange nach dieser Saison in ihrem Urlaub von Fußballfans auf die **»hässlichsten Trikots der Welt«** angesprochen.

»Wir hatten heute ein **Zweikampfverhalten** wie Autogrammjäger.«

(Peter Neururer)

»Die **Aufstiegsfeier** in Berlin – ich muss sagen, ich war damals 1971 in der Tanzschule Bobby Linden und hatte eigentlich an diesem Wochenende Abschlussball. Ich habe dann die Einladung für diesen Abschlussball aus der Post meiner Eltern verschwinden lassen, zerrissen und weggeschmissen und bin dann mit meinen Eltern nach Berlin geflogen, um bei diesem Spiel, 4:2, das war der vorletzte Spieltag, dabei zu sein.

Mit Sieg in Berlin macht Bochum alles klar

Bundesliga-Aufstiegsrunde: Auch Fortuna Düsseldorf gewinnt

Eigentlich müsste meine **Mutter** heute noch auf die Einladung zum Abschlussball warten, der für mich nie stattgefunden hat, weil da war Aufstieg!«

(Radiokommentator Günther Pohl)

»Ich habe so viele **Fehler** gemacht, darüber könnte man ein dickes Lehrbuch schreiben.«

(Christoph Kramer)

Radiokommentator
Günther Pohl & sein VfL

»Ich glaub', dass der VfL keinen Titel gewinnt, das ist so ein **Schicksal**, mit dem man leben kann und das eigentlich zum VfL dazugehört. Wäre es nicht furchtbar, wenn wir auf dem Briefkopf nicht mehr den Aufdruck hätten Vize-Pokalsieger oder Zweitliga-Meister und da stände plötzlich 'n Titel? Da würden wir uns ja in die Reihe dieser endlosen Klubs mit den Titeln einreihen und wir würden uns ja von denen nicht mehr unterscheiden – furchtbar! Ich glaube, ich würde irgendwann schweißgebadet aufwachen, wenn ich geträumt hätte, wir hätten 'nen Titel gewonnen. Nee!«

»**Wo waren wir letztens?** In Sedelsberg. Da haben wir gegen Groningen gespielt. Die Anlage findet normal kein Mensch, der VfL spielt da bei Temperaturen von null Grad unter Flutlicht, das Flutlicht ging nur bis zur Mittellinie. Das sind Geschichten. Barcelona, Sektfrühstück bei Real Madrid, ja, bitte, gut, wer das braucht. Nach Sedelsberg, da kommst du nicht. Ich habe Anstecknadeln, die sind von Vereinen, da wusste ich wirklich nicht, dass es die gibt, der VfL hat die gefunden!«

Seine Reportagen sprühen vor lokalem Patriotismus in den engen Grenzen seiner blau-weißen Heimatstadt. Besonders in den Revierduellen ist Pohl kaum zu halten, wie ein Ausschnitt aus seinem Kommentar vom Spiel FC Schalke 04 gegen den VfL Bochum am 26. April 2003 zeigt: **»Buckley, Buckley, und dann versucht er es mit einem Kunstschuss – und jetzt macht dieser Wahnsinnige ein Traumtor in der Arena Auf Schalke. Und ich entschuldige mich für alles, was ich über diesen Verrückten da unten heute gesagt habe und in den letzten Wochen. Da hebt er den Ball zweimal an und knallt ihn dann wie ein Brasilianer aus zwanzig Metern in den rechten oberen Winkel. Und jetzt geht die Nachbarschaft nach Hause. Panik in der Arena Auf Schalke. Die Leute rennen aus der Bude. Und Delron Buckley mit einem Wundertor!«**

Heiko Herrlich im Reich der Tiere

Gleich bei seiner allerersten Pressekonferenz als neuer Coach des VfL Bochum präsentiert sich der ehemalige Bundesligaprofi Heiko Herrlich als feiner Rhetoriker: »Fußball ist wie in der Natur. Die starken Tiere fressen die schwachen Tiere schnell weg. Und wenn ich die Tabelle anguck, sehe ich, dass wir gerade im Moment eher zu den schwachen Tieren gehören. Und da ich nicht gerne gebissen werde und lieber zurückbeiße, werde ich versuchen, die Mannschaft zu motivieren, ab jetzt, und am liebsten schon am kommenden Sonntag, zurückzubeißen.« Und als nach der ersten Trainingseinheit die Journalisten wissen wollen, wie denn der Eindruck von der Mannschaft sei, sagt Heiko Herrlich wieder sehr feinsinnig: »Das Potenzial ist da. Verglichen mit der Tierwelt, sehe ich die Bereitschaft des Teams, aus einer großen, schnellen Katze ein Löwe zu werden!«

Schöner Gedanke, aber die Realität sieht leider anders aus. Es läuft nicht beim VfL Bochum und der Trainer muss schneller als gedacht tief in seine Tierwelt-Vergleiche abtauchen. Die Fehler, so analysiert Herrlich, müssen unbedingt beseitigt werden, denn: »Es darf nicht so sein wie beim Stierkampf, wo der dumme Stier immer in das rote Tuch läuft.«

Ob er wohl zurückgebissen hat …?

RTL ermittelt den härtesten **»Bums der Liga«**. Martin Kree führt die Liste mit **142,9 km/h** an. Das Ganze wurde mit aufwendigen Messgeräten ermittelt.

Eigentlich völlig umsonst. Denn schon 1985 hatte Mannschaftskamerad und Torhüter Ralf Zumdick gesagt: »Der Martin hat den härtesten Schuss der Bundesliga.« Und weil ihm das als Keeper zu gefährlich wurde, trainierte er in keiner Einheit ohne seinen Unterleibsschutz – wie ihn Handballtorhüter tragen. Im Spiel brauchte Zumdick übrigens keinen.

Irgendwann in den Endzwanzigern verzockt Neururer einmal sehr viel Geld in einem Kasino. **70.000 bis 80.000 Mark** seien es damals gewesen. Alles hatte er auf eine Karte gesetzt: »Ich besaß gerade noch einen Beutel Reis und einen Maggiwürfel, lag in meiner Studentenbude und bewegte mich nicht, um keine Kalorien zu verbrauchen. Hätte mich jemand um 20 Pfennig angebettelt, ich hätte einen Kredit aufnehmen müssen.«

Das Geld hatte er sich zuvor beim Aufbau von zwei Tennisschulen verdient. Und weil ihn Firmen mit reichlich Bekleidungsstücken des vornehmen »weißen Sports« eindeckten, sei er herumgelaufen wie ein »Dressman für Zwischengrößen«.

Relegations-Erinnerungen 1990

»Hallo, hier spricht Uwe Leifeld!«

Am Dienstag, 1. August 1989, von 18.00 bis 19.00 Uhr

(02 34) 59 20 79

Fragen Sie Uwe Leifeld, z. B.

... wieviel Tore er sich 89/90 zutraut?
... was er beim Elfmeter denkt?
... wie ihm die neuen Spieler gefallen?
... wie er mit Reinhard Saftig auskommt?

Im Kampf gegen den Abstieg in der Saison 1989/90 kommt es am letzten Spieltag zu der Begegnung zweier direkter Konkurrenten. Die punktgleichen Teams von Bayer 05 Uerdingen und Borussia Mönchengladbach treffen in der **Grotenburg-Kampfbahn** aufeinander. Die Zuschauer dieser Partie fühlen sich an diesem Nachmittag an die Schande von Gijón erinnert, als beim sogenannten Nichtangriffspakt zwischen der deutschen und der österreichischen Nationalmannschaft am Ende Algerien das Nachsehen hat. Nach der 1:0-Führung für Deutschland, was beiden Teams zur Qualifikation für die Endrunde reichte, schob man damals bei der WM 1982 in Spanien nur noch lustlos den Ball hin und her. Ein ähnliches Drama spielt sich knapp acht Jahre später in Krefeld ab.

Bereits vor der Partie wettet die Bochumer Mannschaft auf ein Unentschieden bei der Begegnung in der Grotenburg-Kampfbahn – immerhin mit 20.000 Mark aus der Teamkasse. Stürmer Uwe Leifeld: **»Wenn wir schon verschaukelt werden, dann kriegen wir wenigstens noch Geld raus. Ich verwette mein Haus, dass dieses Spiel unentschieden ausgeht.«** Und genauso kommt es.

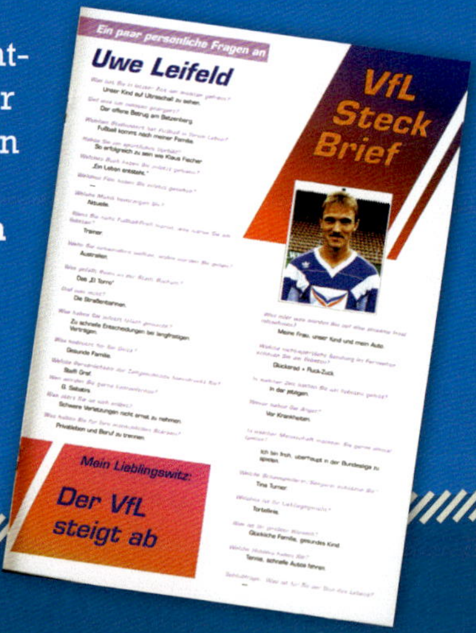
Ein paar persönliche Fragen an

Uwe Leifeld

VfL Steck Brief

Unser Kind auf Ultraschall zu sehen.
Der offene Betrug am Betzenberg
Fußball kommt nach meiner Familie.
So erfolgreich zu sein wie Klaus Fischer
„Ein Leben entsteht."
Aktuelle.
Trainer
Australien.
Das „El Torro"
Die Straßenbahnen.
Zu schnelle Entscheidungen bei langfristigen Verträgen.
Gesunde Familie.
Steffi Graf.
G. Sabatini.
Schwere Verletzungen nicht ernst zu nehmen.
Privatleben und Beruf zu trennen.
Meine Frau, unser Kind und mein Auto.
Glücksrad + Ruck-Zuck
In der jetzigen.
Vor Krankheiten.
Ich bin froh, überhaupt in der Bundesliga zu spielen.
Tina Turner
Tortellinis.
Glückliche Familie, gesundes Kind
Tennis, schnelle Autos fahren

Mein Lieblingswitz:

Der VfL steigt ab

Der Vorsitzende des Bochumer Wirtschaftsrats, Werner Altegoer, fragt nach dem 0:0 in Krefeld höhnisch: »Haben die sich überhaupt noch die Mühe gemacht, die Tore aufzustellen?«

Der VfL Bochum muss nach diesem Ergebnis – trotz eines eigenen Sieges im letzten Spiel – in die Relegation gegen den 1. FC Saarbrücken. Das passt VfL-Stürmer Uwe Leifeld ganz und gar nicht, denn eigentlich hatte er ganz andere Pläne: **»Unser Wunschkind sollte in der Sommerpause kommen. Dann hätte ich keinen Stress mehr gehabt und mich um das Baby kümmern können.«** Das ging knapp daneben. Doch wenigstens sorgt Leifeld mit seinem Tor zum 1:1 im Rückspiel im Bochumer Ruhrstadion für doppelte Freude bei seiner Familie. Nach dem 1:0-Sieg in Saarbrücken gelingt dem VfL Bochum der verspätete Klassenerhalt.

»Wir hatten ja in Bochum nie die Schwatten. Wattenscheid hatte Schwatte, aber wir nicht. Und jetzt haben wir so einen Typen wie den Kalla, der passt zum VfL, als wäre er auch ein Bochumer – als käme er nur von **unter Tage** oder so.«

(Uwe Fellensiek)

Als ob der VfL Bochum in der Saison 1988/89 nicht genug Probleme im Abstiegskampf hätte. Zudem erlaubt sich ein anonymer Anrufer einen **fiesen Scherz**, als er dem WDR meldet, dass die Partie gegen den 1. FC Köln (1:3) ausfällt. Und das auch noch ausgerechnet an dem eh problematischen verkaufsoffenen Samstag. Präsident Ottokar Wüst ist entsetzt: »Mindestens 3.000 Zuschauer sind uns durch diese Aktion durch die Lappen gegangen.« Doch es gibt Anlass zur Hoffnung. Der Anrufer hat sich als Mitarbeiter des VfL ausgegeben und eine mysteriöse Nummer hinterlassen. Mit Hilfe der Polizei will der VfL Bochum Mister X nun fangen!

»Als ich **Trainer** wurde, habe ich mir gesagt: Du darfst ein Spiel verlieren, du darfst auch fünf Spiele verlieren. Aber du darfst nie dein Gesicht verlieren.«

(Hermann Gerland)

»Mit dem kannst du keinen Krieg gewinnen, **wenn es knallt, ist er weg!**«

(Hermann Gerland über Uwe Wegmann)

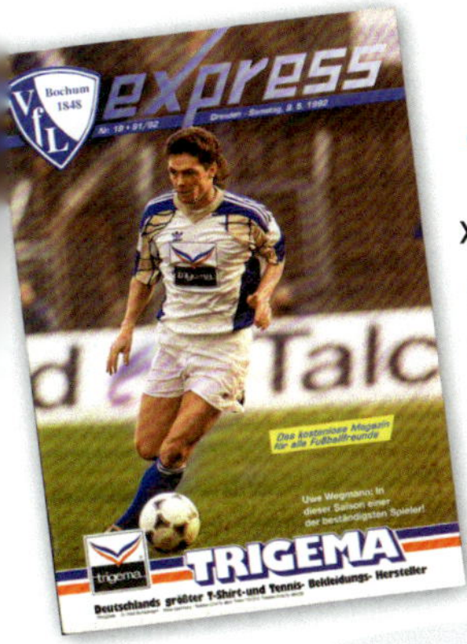

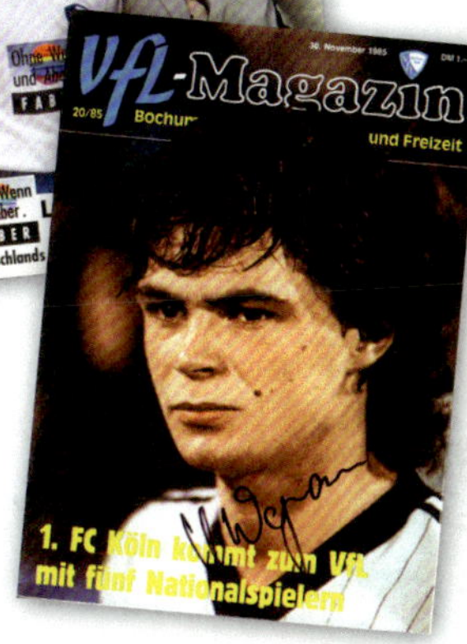

»Er hat die **Tore** geschossen und kam aus den Alpen – also: **Alpenbomber!**«

(Christa Jewers über den Spitznamen von Uwe Wegmann)

Michael Eggert, der seinen Spitznamen von Mitspieler Hans Walitza hat, meint: **»Ich bin eben für die Leute der Pudel. Da weiß man doch gleich, wer gemeint ist. Ich bin gern der Pudel!«**

Als Ex-Bundestrainer **Sepp Herberger** einmal **»Eia« Krämer** traf, fragte er ihn, wie viele Länderspiele er unter Helmut Schön denn gemacht habe: »Acht«, antwortete Krämer. Herberger schaute den Bochumer nachdenklich an und sagte dann: **»Bei mir hätten Sie mehr gemacht!«**

»Ich kriege keine Probleme mit den Spielern. Ich bin ja selber ein Problemfall.«

(Peter Neururer)

Der Mann hat nicht mehr viel zu verlieren und pflegt darum die deutlichen Worte. Bochums Aushilfskeeper **Wolfgang »Otto« Kleff** kann sich nach Bochums 2:0-Niederlage beim 1. FC Kaiserslautern nicht beruhigen: **»Nicht alle Schiedsrichter sind schlecht, aber manche haben doch ihren Blindenhund zu Hause gelassen. Der Herr Brückner ist halt musikalisch, deshalb hat er gepfiffen. Ich dachte zuerst, er pfeift für mich. Aber bestimmt wollte er nur, dass ich mal wieder einen Elfmeter halte.«**

»Das kostet viel Geld. Da kann ich mir im Sommer wieder einen Spieler weniger leisten.«

(Friedhelm Funkel nach Fanrandale)

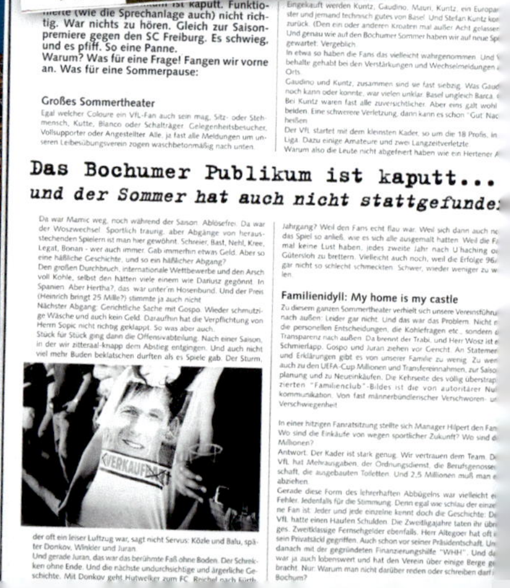

... ist kaputt. Funktionierte (wie die Sprechanlage auch) nicht richtig. War nichts zu hören. Gleich zur Saisonpremiere gegen den SC Freiburg. Es schwieg, und es pfiff. So eine Panne.
Warum? Was für eine Frage! Fangen wir vorne an. Was für eine Sommerpause:

Großes Sommertheater

Egal welcher Coloure ein VfL-Fan auch sein mag, Sitz- oder Stehmensch, Kutte, Blanco oder Schalträger, Gelegenheitsbesucher, Vollsupporter oder Angestellter. Alle, ja fast alle Meldungen um unseren Leibesübungsverein zogen waschbetonmäßig nach unten.

Eingekauft werden Kuntz, Gaudino, Mauri, Kuntz, ein Europa... ster und jemand technisch gutes von Basel. Und Stefan Kuntz ko... zurück. (Den ein oder anderen Kroaten mal außer Acht gelasse... Und genau wie auf den Bochumer Sommer haben wir auf neue Sp... gewartet: Vergeblich.
In etwa so haben die Fans das vielleicht wahrgenommen. Und ... behalte gehabt bei den Verstärkungen und Wechselmeldungen ... Orts.
Gaudino und Kuntz, zusammen sind sie fast siebzig. Was Gaud... noch kann oder konnte, war vielen unklar. Basel ungleich Barca. ... Bei Kuntz waren fast alle zuversichtlicher. Aber eins galt wohl ... beiden. Eine schwerere Verletzung, dann kann es schon "Gut Nac... heißen.
Der VfL startet mit dem kleinsten Kader, so um die 18 Profis, in ... Liga. Dazu einige Amateure und zwei Langzeitverletzte.
Warum also die Leute nicht abgefeiert haben wie ein Hertener A...

Das Bochumer Publikum ist kaputt...
und der Sommer hat auch nicht stattgefunde...

Da war Mamic weg, noch während der Saison. Ablösefrei. Da war der Woszwechsel. Sportlich traurig, aber Abgänge von herausstechenden Spielern ist man hier gewöhnt. Schreier, Bast, Nehl, Kree, Legat, Bonan - wer auch immer. Gab immerhin etwas Geld. Aber so eine häßliche Geschichte, und so ein häßlicher Abgang?
Den großen Durchbruch, internationale Wettbewerbe und den Arsch voll Kohle, selbst den hätten viele einem wie Dariusz gegönnt. In Spanien. Aber Hertha?, das war unter'm Hosenbund. Und der Preis (Heinrich bringt 25 Mille?) stimmte ja auch nicht.
Nächster Abgang: Gerichtliche Sache mit Gospo. Wieder schmutzige Wäsche und auch kein Geld. Daraufhin hat die Verpflichtung von Herrn Sopic nicht richtig geklappt. So was aber auch.
Stück für Stück ging dann die Offensivabteilung. Nach einer Saison, in der wir zitteraal-knapp dem Abstieg entgingen. Und auch nicht viel mehr Buden beklatschen durften als es Spiele gab. Der Sturm, der oft ein leiser Luftzug war, sagt nicht Servus: Közle und Balu, später Donkov, Winkler und Juran.
Und gerade Juran, das war das berühmte Faß ohne Boden. Der Schrekken ohne Ende. Und die nächste undurchsichtige und ärgerliche Geschichte. Mit Donkov geht Hutwelker zum FC, Reichel nach Fürth.

Jahrgang? Weil den Fans echt flau war. Weil sich dann auch n... das Spiel so anließ, wie es sich alle ausgemalt hatten. Weil die F... mal keine Lust haben, jedes zweite Jahr nach U'haching o... Gütersloh zu brettern. Vielleicht auch noch, weil die Erfolge 96/... gar nicht so schlecht schmeckten. Schwer, wieder weniger zu w... len.

Familienidyll: My home is my castle

Zu diesem ganzen Sommertheater verhielt sich unsere Vereinsführu... nach außen: Leider gar nicht. Und das war das Problem. Nicht ... die personellen Entscheidungen, die Kohlefragen etc., sondern ... Transparenz nach außen. Da brennt der Trabi, und Herr Wosz ist e... Schmierlapp. Gospo und Juran ziehen vor Gericht. An Statemen... und Erklärungen gibt es von unserer Familie zu wenig. Zu wen... auch zu den UEFA-Cup Millionen und Transfereinnahmen, zur Saiso... planung und zu Neueinkäufen. Die Kehrseite des völlig überstrap... zierten "Familienclub"-Bildes ist die von autoritärer Nu... kommunikation. Von fast männerbündlerischer Verschworen- u... Verschwiegenheit.

In einer hitzigen Fanratsitzung stellte sich Manager Hilpert den Fa... Wo sind die Einkäufe von wegen sportlicher Zukunft? Wo sind d... Millionen?
Antwort: Der Kader ist stark genug. Wir vertrauen dem Team. D... VfL hat Mehrausgaben, der Ordnungsdienst, die Berufsgenosse... schaft, die ausgebauten Toiletten. Und 2,5 Millionen muß man ... abziehen.
Gerade diese Form des lehrerhaften Abbügelns war vielleicht e... Fehler. Jedenfalls für die Stimmung. Denn egal wie schlau der einze... ne Fan ist: Jeder und jede einzelne kennt doch die Geschichte: D... VfL hatte einen Haufen Schulden. Die Zweitligajahre taten ihr übri... ges. Zweitklassige Fernsehgelder ebenfalls. Herr Altegoer hat oft ... sein Privatsäckl gegriffen. Auch schon vor seiner Präsidentschaft. Un... danach mit der gegründeten Finanzierungshilfe "WHH". Und d... war ja auch lobenswert und hat den Verein über einige Berge ge... bracht. Nur: Warum man nicht darüber reden oder schreiben darf ... Bochum?

»Mein Tor werde ich heute mit **Sprite** statt Wasser feiern.«

(Nachwuchsspieler Marc Rzatkowski)

Die jungen Matthias Ostrzolek (links) & Marc Rzatkowski (rechts) beim VfL!

»Wer hat dem **Dicken** den **Ball** gegeben?«

(Hermann Gerland, als er eigentlich das Kommando an Zwetschge Misimovic ausgegeben hatte, Runden zu drehen)

der Mannschaft auf den Klassenerhalt an
Fotos: HEINEN

Nach der VfL-Rettung

Gekas' geile Schampus-Orgie

»Ich muss kein **Deutsch** sprechen. Es reicht, wenn ich die Sprache des Fußballs spreche.«

(Theofanis Gekas)

Theo (fanis) * 11.07.2007
Über die Geburt meines Bruders freuen sich nicht nur meine Eltern auch ich freue mich ganz doll.
Zum Fußballspielen reichen seine 4210 gr. und seine 55 cm noch nicht aber im Trainingslager Lukaß arbeiten wir daran.
Christoph Tanja und Moritz Lukaß

Stefan Kuntz am Engelbert-Brunnen

»In **Chemie** war ich noch nie gut.«

(Stefan Kuntz auf die Frage, ob die »Chemie« zwischen ihm und Werner Altegoer nicht mehr gestimmt habe)

Aus dem Buch »150 Jahre VfL Bochum«

Die sieben Weisheiten des Peter Neururer

»Die fußballerische Intelligenz ist die **Grundlage**, um einen sportartspezifischen Intellekt aufzubauen.«

»Auswärtsspiele sind keine **Butterfahrt**.«

»Der Genuss von **Zuckerlimonade** beeinträchtigt die Trainingsadaption.«

»Wenn zwei über Fußball reden, kommen drei **Meinungen** heraus.«

»Ich werfe elf **Trikots** hoch. Wer eins fängt, darf spielen.«

»**Wir fahren hin**, hau'n die weg und fahren wieder zurück.«

»Zu Hause bin ich die absolute **Weichbirne**.«

Smog gefährdet in der Saison 1984/85 den Ligabetrieb. Erste Freundschaftsspiele in der Winterpause finden unter erschwerten Bedingungen statt. Bochums Stefan Kuntz: **»Am schlimmsten war es eigentlich, als wir am Freitagabend aus unserem Trainingslager in der Sportschule Hennef nach Bochum kamen. Als wir aus dem Bus stiegen, roch die ganze Luft schwefelig. Aber am Samstag, beim Spiel, hat sich eigentlich keiner gefragt, ob es für uns schädlich sei, bei so dicker Luft Hochleistungssport zu betreiben.«** Und ein anderes Problem beschäftigt Spieler wie Fans zugleich: die Fahrverbote. **Ingo Pickenäcker** kommt erst gar nicht zum Spiel, weil in Essen, wo er wohnt, Smogalarm Stufe III herrscht.

»Ich bin nicht so der sportliche Typ!«

(Mimoun Azaouagh, als der Verkäufer im Fahrradladen ihm ein Rennrad anpries)

Starschnitt ....
Rolf Schafstall

Schafstall auf der Pressekonferenz nach einer Niederlage: »Wir haben 2:1 verloren.« Daraufhin erhält er den Hinweis, dass das Spiel 3:1 endete. Seine Reaktion: »Ach so? Ich bin schon mit 2:1 in die Kabine gegangen.«

»Wir Trainer sind nun mal gerade auf Pressekonferenzen von ganz unterschiedlicher Natur. Der eine trägt sein **Herz auf der Zunge,** der andere nimmt lediglich den Mund voll.«

»Ich war überrascht, dass die Coaching-Zone bis zum Spielfeld geht. **Ich dachte, die wäre kleiner.**«
(Bei seinem Comeback in Bochum zu den Veränderungen in der Bundesliga)

»Ein **Handschlag** ist gut, aber ein Vertrag ist immer besser.«

»Ja. Das kann sein.«
(Auf die Frage, ob er manchmal Journalisten anlügt)

»Das **unterscheidet** mich von Ihnen, Trainer. Sie haben nie eine große Zeit gehabt!«

(Dresdens Torsten Gütschow, nachdem Rolf Schafstall zu ihm sagte, dass seine große Zeit vorbei sei)

»Ich höre mir den Kollegen **Schafstall** ganz ruhig an. Wer wenig zu sagen hat, redet eben besonders viel.«

(Karl-Heinz Feldkamp)

»Hier bist du jeden Tag verzweifelt. Weil so viele **Antifußballer** dabei sind. Wenn ich das manchmal sehe, was wir hier für schwache Fußballer haben. Mann, Mann, Mann!«

(Während seiner Zeit beim VfL Bochum in die Kameras eines TV-Teams)

Rolf Schafstall philosophiert bei **Kerzenschein** nach dem 1:0-Auftaktsieg über Kickers Offenbach noch ein wenig mit den anwesenden Journalisten über sich, das Leben und seinen Verein: »Ich bin nicht der Pater Leppich des VfL Bochum. Vielleicht ist das aber genau der richtige Weg. Wir stecken Kerzen an und versammeln uns regelmäßig zum **Gebet**.«

25. Februar 1986: Vorstellung des neuen Trikotsponsors Opel, hinten von links: Jupp Tenhagen, Klaus Fischer, Rolf Schafstall, Stefan Kuntz und Thomas Kempe, vorne: Opel Vorstandsvorsitzender Hans Wilhelm Gäb und VfL-Präsident Ottokar Wüst

»Die **graue Maus** trägt **Nerzmantel**!«

(Die »Bild«-Zeitung, als der VfL Bochum Anfang der Saison eine Hochphase hat)

Endlich Happy-Auer beim VfL

VON JÖRG ZSCHOCHE UND GÜNTHER POHL

Benjamin Auer (27) galt einst als die größte deutsche Sturmhoffnung: Doch nach seinem Wechsel 2006 zum VfL folgte der totale Absturz. Im November schien sein Aus in Bochum endgültig besiegt.

Doch jetzt gibt es Auers Auferstehung.

MEHR ZU BOCHUM

Trainer Marcel Koller (46) lobt den Torjäger: „In der Vorbereitung haben mich Benjamin Auer und Stanislav Sestak von unseren Offensivleuten am meisten überzeigt." Wenn die Rückrunde heute in Bremen starten würde, wäre das Duo gesetzt.

»Trainer, ich pack das schon. Mach dir keine Sorgen!« Als Debütant **Ralf Zumdick** am fünften Spieltag gegen Frankfurt nach 24 Minuten ins Tor geht, weil sich die Nummer 1, Reinhold Mager, verletzt hat, beruhigt der Jungspund seinen sichtlich nervösen Trainer Rolf Schafstall. Und er hält tatsächlich prima. Nachher fragt sich der Fußballlehrer: **»Woher hat dieser Junge nur so viel Selbstvertrauen?«** Eine berechtigte Frage, denn als er zwei Jahre zuvor aus Münster kam, sah die Lage für den von seinen Mannschaftskameraden gehänselten »Zu-dick« laut Schafstall alles andere als rosig aus: **»Abgewrackt und mit viel Übergewicht trat er an. Im Training sah es anfangs schlimm aus!«**

Ralf Zumdick mit Frau Karin, Tochter Jennifer und im Arm Sohn Kim (März 1987)

Starschnitt

Klaus Hilpert

Als im Dezember 1995 **Diebe** zwei Safes des VfL klauen, lächelt Manager Hilpert ob so viel Naivität: »Es lohnt sich gar nicht erst, die aufzumachen. Da ist ohnehin kein Geld drin!«

Es geht die **Sage**, dass der Manager Klaus Hilpert eines Morgens aufwachte und sich dachte, dass sein Büro deutlich zu klein sei. Jahrelang war er bisher an dem Zimmer direkt neben seinem Arbeitsraum vorbeigelaufen, ohne sich zu fragen, was denn genau hinter der Tür eigentlich sei. Nun besorgte er sich einen Schlüssel, schaute hinein und bestellte umgehend einen großen Container. Als nach einem langen Wochenende die Mitarbeiter auf die Geschäftsstelle kamen, trauten sie ihren Augen nicht. Die Wand zwischen den beiden Räumen war durchgebrochen und das Zimmer neben dem Büro komplett leer geräumt. Auf die Frage, wohin denn all die Sachen gewandert seien, die sich darin befanden, antwortete Hilpert: **»Macht euch keine Sorgen, den ganzen Müll habe ich höchstpersönlich und auf eigene Rechnung entsorgen lassen!«** Seit diesem Tag verfügt der VfL Bochum über kein Archiv mehr. Was nicht mehr von der Kippe gerettet werden konnte, war weg.

Wer sind die würdigen Herren mit den Zylindern?

65 Minuten Bundesliga für Dirk Drescher

Als Dirk Drescher am ersten Spieltag der **Saison 1985/86** für den VfL Bochum in Nürnberg den Platz betritt, ist er gerade einmal **17 Jahre, 5 Monate und 13 Tage** alt. Am Vormittag dieses denkwürdigen Tages erst hat sein Verein beim DFB eine Spielberechtigung für den jungen Mann eingeholt. Eine weise Entscheidung. Denn nachdem die eigentliche Nummer eins, Ralf Zumdick, endgültig wegen einer Schulterverletzung hat passen müssen, schafft es der Nachwuchstorwart Markus Croonen – ebenfalls in seinem allerersten Spiel überhaupt – gerade einmal bis zur **25. Minute**. **Dann säbelt er den Nürnberger Reiner Geyer übereifrig von den Beinen** und fliegt unter Tränen vom Platz. Ein Moment der Stille im Frankenstadion. Schließlich schüttelt sich der VfL-Coach **Rolf Schafstall** einmal kräftig durch, schaut betreten Richtung **Auswechselbank**, nimmt Stürmer Stefan Kuntz vom Platz und nickt dann dem nervös vor sich hinstarrenden Dirk Drescher zu.

Ihn persönlich anzusprechen, traut sich der Trainer nicht, denn Schafstall wusste nicht einmal den Vornamen seines **Ersatzkeepers**. Der VfL Bochum gewinnt das Spiel überraschend mit 1:0 beim Club, und doch bleibt der Traum »Fußball-Bundesliga« eine fünfundsechzigminütige

Episode ohne Wiederholung für Dirk Drescher. Man holt den erfahrenen **Wolfgang Kleff** für die Verletzungsdauer von Ralf Zumdick. Und so stellt sich Kleff in Bochum der Mannschaft gewohnt pointiert vor: **»Ich bin hier nur der Aushilfskellner!«** Doch der alte Hase hat schnell Spaß an seinem Job. Nach dem 5:3 in seinem Eröffnungsspiel gegen Düsseldorf schwärmt der Keeper: **»Das war nach langer Zeit endlich wieder großer Fußball. Ich ertappe mich dabei, dass ich als alter Mann, der im November 39 wird, ins Schwärmen gerate wie ein Teenager!«**

Torwart Dirk Drescher (Mitte) wird von Walter Oswald (l.) und Co-Trainer Erich Klamma gefeiert.

»Die **Stimmung** ist eigentlich wie vor dem Spiel. Mit dem kleinen Unterschied, dass wir aus dieser äußerst großen Minimalchance, minimaler geht's gar nicht mehr, eine etwas kleinere gemacht haben, die größer geworden ist.«

(Peter Neururer)

Kalt ist der Winter in Deutschland. Beim 1:0-Sieg der Bayern gegen den VfL Bochum kommen gerade mal 4.000 Zuschauer ins Olympiastadion – und die Polizei natürlich. Doch die ist nicht begeistert: **»In Russland schicken sie einen zur Strafe nach Sibirien – und bei uns ins Stadion!«** Im fernen Bochum feiert man derweil schon ohne die Mannschaft den legendären »Winterball«. Und Stargast Udo Jürgens ist ganz angetan vom VfL: **»In München nur 0:1 zu verlieren – das ist schon eine feine Leistung.«**

»Ich wusste nicht, dass es so eilig war.«

(Faton Toski wurde nach dem Ignorieren des Bundeswehrbescheids von den Feldjägern aus dem Trainingslager geholt.)

»**Um Gottes willen!** Ich habe mal einen Spieler gehabt, einen Kapitän, der war so was von dumm, der war dumm wie … dumm wie … (Einwurf des Interviewpartners: »Brot?«) Ach, der hatte einen IQ, der so einzuordnen war wie die Temperaturen, die wir im Moment draußen haben, der war fast schon debil. Aber ein ü-ber-ra-gen-der Fußballer! Dem musste ich nichts erklären, der hat alles immer richtig gemacht. Intuitiv. Seine **Fußballintelligenz** war sensationell. Aber vom normalen Intellekt: katastrophal. Der hat gehupt, wenn er gegen einen Baum gefahren ist.«

(Peter Neururer auf die Frage, ob der Intellektuellste in der Mannschaft stets Kapitän sein solle)

»Die Taktik war in Ordnung, **nur der Gegner war zu stark.**«

(Martin Kree)

Martin Kree und Thorsten Legat (1990)

Starschnitt .... Ottokar Wüst

»Freunde sprechen miteinander, nicht übereinander.«

Die **Frau** des Bochumer Präsidenten kommt aus München. Grund genug, jedes Mal vor einem Spiel seines VfL gegen die Bayern die Prämie zu erhöhen. Eine todsichere Angelegenheit. Gewinnt der VfL, ist die Freude so groß, da bezahlt Wüst gerne ein paar Tausender mehr, aber meist geht es ja eh anders aus, und der Präsident sagt schlau: **»Na ja, wenigstens das Geld gespart!«**

Ottokar Wüst mit seiner Frau im Stadion

Knisternde Spannung auf der Tribüne. Die Frauen der Bochumer Elf drücken die Daumen für den Sieg.

(RUNDSCHAU-Bild: Koch)
Im Sonderzug reisten die Spielerfrauen Sonntag morgen nach Ludwigshafen. Von links: Erika Wiesemes, Christa Jablonski, Doris Höher und Ingrid Wüst.

Der VfL Bochum bestreitet ganz neue Wege und fährt mit den Frauen der Spieler vom 1. bis 15. Juli 1978 ins Trainingslager auf Sylt. **»Wer nicht fortschrittlich, nicht modern genug denkt, der kommt nicht weiter«**, verkündet der stolze Präsident Ottokar Wüst. Hinter vorgehaltener Hand gibt er anschließend aber auch noch einen anderen Grund für den Familienausflug preis: **»Westerland ist schon ein heißes Pflaster. Da ist es besser, wenn die Herren unter der Obhut ihrer Damen stehen!«**

Christa Jewers erinnert sich: »Unsere Winterbälle vermisse ich sehr. Die waren immer der Abschluss eines Jahres. Wenn dann unser früherer Präsident Ottokar Wüst am Ende des Abends gesagt hat: **›Ich wünsche Ihnen eine stille Weihnacht. Eine Weihnacht von tiefem inneren Frieden‹**, dann war man selbst irgendwie ruhig und hat alles hinter sich gelassen.«

Als in den Anfangsjahren des Winterballs einmal eine schwedische Sängerin die Gäste mehr durch ihre beeindruckende Oberweite als durch ihre Sangeskünste begeisterte, soll sich direkt nach ihrem Auftritt eine für alle Anwesenden unvergessliche Geschichte ereignet haben. Ottokar Wüst betrat obligatorisch mit einem riesigen Blumenstrauß bewaffnet die Bühne und drückte ihn der überrumpelten Schwedin in die Hände. Der Strauß war so überdimensional groß, dass sie ihn kaum halten konnte. Wüst hatte sie wehrlos gemacht und tippte der Sängerin dann mit den Zeigefingern auf den wogenden Busen und strahlte unter dem Beifall des Publikums ins Mikro:

»Das sind die beiden Punkte, die ich am liebsten habe.«

»Wir haben Verhandlungen geführt mit **La Coruna**, lange bevor Uli Hoeneß dann letztendlich seine Gespräche geführt hatte. Wir waren uns auch einig, wir hätten allerdings mehr Ablöse bezahlen müssen. Geld war da, wir wollten es auch machen. Allerdings: Als die Forderungen von **Makaay** bezogen auf das Gehalt so niedrig waren, dass im **Negativbereich** unser Gehaltsvolumen gesprengt worden wäre, haben wir gesagt, dann kann er die Qualität nicht haben, um zum VfL Bochum zu kommen.«

(Peter Neururer)

»Das wird seinen Heilungsprozess beschleunigen.«

(Trainer Helmut Johannsen zur Gehaltskürzung für seinen seit Monaten verletzten Spieler Heinz-Werner Eggeling)

Seit 14 Jahren ist **Hermann Gerland** nun schon beim VfL Bochum. Zum Start der Saison wechselt der Ur-Bochumer auf den Posten des Cheftrainers. Als ihn daraufhin der langjährige Geschäftsführer Otto Stratemeier von einem Tag auf den anderen plötzlich mit **»Herr Gerland«** anredet, packt sich **»Tiger« Hermann** ob so viel Förmlichkeit nur an den Kopf: **»Otto, sag mal, bist du bescheuert?«**

»Wir haben einen tollen Job, sind jeden Tag an der frischen **Luft**.«
(Friedhelm Funkel)

Die Erfolge von **Boris Becker** machen dem Fußball zusehends Konkurrenz. Als in Frankfurt 10.000 Zuschauer beim Davis-Cup das Tennis-Doppel Becker/Maurer zum Sieg über Lendl und Smid pushen, spielt zeitgleich die Bundesliga. Nach Bochums 2:0-Niederlage in Gladbach meint VfL-Ersatzkeeper Kleff trocken: **»Man hätte eine Leinwand aufstellen und Boris Becker zeigen sollen!«**

Starschnitt
Jupp Kaczor

JOSEF KACZOR: Der Torjäger des VfL erzielte in der vergangenen Meisterschaftssaison 21 Treffer für den VfL.

Die gute Seele des VfL, Christa Jewers, erinnert sich: **»Jupp Kaczor und Heinz-Werner Eggeling, das war ein Team. Die waren auch klasse. Mit denen haben wir viel Spaß gehabt. Wenn wir heute telefonieren und es mal wieder nicht läuft, dann fragt der Jupp immer: ›Muss ich noch einmal meine Schuhe anziehen, muss ich vorbeikommen?‹«**

Nach 30 Minuten ist die **Saison 1977/78** für Jupp Kaczor bereits beendet. Er prallt unglücklich mit dem Gladbacher Torhüter Wolfgang Kneib zusammen, der sich lebhaft erinnert: **»Ich hörte es laut und vernehmlich knacken!«** Auch Kaczor kann den Moment nicht vergessen: **»Ich höre heute noch dieses Geräusch, als wenn ein morscher Ast abbricht.«** Bochums Trainer Heinz Höher weint, als der schreiende Stürmer vom Feld getragen wird: **»Ich fühle mich, als ob mich jemand erschossen hätte!«** Erst am zwölften Spieltag der nachfolgenden Saison tritt Kaczor wieder für Bochum vor den Ball. Angst vor einem erneuten Bruch hat er übrigens nicht: **»Durch den Nagel kann es sich ja höchstens noch verbiegen!«**

Vor dem **29. Spieltag** der Saison 1975/76 reist der VfL Bochum zu einem **Kurztrainingslager** auf die Sonneninsel Gran Canaria. Das warme Wetter dort macht einige VfL-Spieler richtig durstig. Eines Abends versuchen die Profis aus dem Ruhrgebiet daher, den Flüssigkeitsverlust ohne Rücksicht auf Promille auszugleichen. Das klappt gut. Doch leider kommt der etwas angeheiterte Jupp Kaczor prompt etwas zu spät zum Hotel zurück. **Alle Türen sind bereits geschlossen**. Das bringt ihn auf die abenteuerliche Idee, mit einem abmontierten Verkehrsschild zu versuchen, über die Außenmauer zu springen. Das klappt nicht so gut, und zu allem Überfluss wird er dabei auch noch von der Polizei entdeckt. Man nimmt den Randalierer mit aufs Revier und steckt ihn für eine Nacht in die Ausnüchterungszelle. Als Kaczor am nächsten Morgen nicht zum Frühstück erscheint, fliegt die ganze Geschichte auf. Trainer Heinz Höher ist stinksauer, hat aber sogleich eine Lösung parat: **»Wenn du am Samstag gegen Köln ein Tor machst, ist das hier vergessen. Wenn nicht …!«** Der VfL Bochum schlägt den 1. FC Köln mit 1:0. Torschütze: Jupp Kaczor!

»Bei meiner versteckten **Hasenscharte** und den ganzen Sprachfehlern bleibe ich lieber in dem Metier, in dem ich mich auskenne.«

(Peter Neururer auf die Frage nach einem späteren TV-Engagement)

»Der **Colding**, wie der am Ackern ist – das ist sicherlich auch kein Zidane –, aber der ackert für die Mannschaft, das ist einfach grandios, als er wäre er ein echter Bochumer, so kommt der mir vor.«

(Uwe Fellensiek)

Am elften Spieltag der Saison 1981/82 fällt in Bochum **eines der seltsamsten Tore** der Bundesligageschichte. Bochums Keeper Ralf Zumdick trifft bei seinem Abstoß genau den Kopf von Stuttgarts Didier Six – und von dort springt der Ball zum 3:3-Endstand ins Netz des VfL. Zumdick mit den Nerven am Ende: **»Ich wollte nur noch nach Hause!«**

»Ich wünsche Lukas für sein weiteres Leben viel, viel Gesundheit und **einen neuen Berater**.«

(Trainer Peter Neururer über den 18-jährigen Lukas Klostermann, der vom VfL zu RB Leipzig wechselt)

In Bochum sorgt ein junger Mann namens Kurt Pinkall für Furore. Und das nicht nur aufgrund seiner wunderschönen Tore, die er für den VfL schießt. Sein gelernter Beruf treibt die Presse zu immer neuen, poetischen Höhenflügen: **»Der schnellste Postbote der Liga«**, **»Der flinke Briefträger«**, **»Postbote Pinkall ließ die Post abgehen«** und ebenfalls schön: **»Postbote Pinkall stellte zu«!**

»Gegen Bochum kann man den Zuschauern freien Eintritt anbieten, und trotzdem kommen nicht mehr als 20.000«, sagt Bayern-Manager Uli Hoeneß und ärgert sich nach einem 3:1-Sieg über nur 8.000 zahlende Kunden im Stadion.

Im Blickpunkt:

Vereinswirt Walter Czech

[illegible] Karfreitag wurde er 57 Jahre alt, unser Vereinswirt Walter Czech. [illegible] Jahre 1921 erblickte er in Noldau/Niederschlesien das Licht der [illegible]. In der elterlichen Metzgerei erlernte er dieses Handwerk, bis er [illegible] zur 12. Panzerdivision eingezogen wurde. Erst 1950 kehrte er aus [illegible] Gefangenschaft in Leningrad zurück. Ein Kriegskamerad aus [illegible] hatte ihn nach Gelsenkirchen mitgenommen. Seine Ange[illegible] waren kurz vor Kriegsende nach Mecklenburg evakuiert wor[illegible], doch das erfuhr er erst viel später. In Gelsenkirchen fand er eine [illegible] im Bergbau, ehe er 1960 eine Gastwirtschaft (Sportklause) [illegible] Schalker Markt übernehmen konnte. „Direkt neben Otte Tibuls[illegible]“, weiß er sich sehr gut zu erinnern. 1952 hatte er geheiratet. Seine [illegible] Hertha stammt aus Küstrin an der Oder. Als er sich nach einer [illegible] Gaststätte umsah, bekam er 1962 von der Brauerei einen [illegible]vertrag für das „Haus Frein“ in der Castroper Straße angeboten [illegible] griff sofort zu.

[illegible] ersten Kontakt mit dem VfL bekam er, als die 1. Amateurmann[illegible] ein festes Verkehrslokal suchte. Dem damaligen Abteilungs[illegible] Heinrich Kalwa gefielen Hertha und Walter Czech und das „Haus Frein“ so gut, daß er die Empfehlung an den Vorstand weitergab. So [illegible] das VfL-Vereinslokal geboren.

[illegible] ist jetzt auch schon wieder 15 Jahre her. „Wir haben schon den [illegible] Botschafter im Lokal gehabt beim VfL-Bankett, und die [illegible] Spieler von Torpedo Moskau hatten sich die roten Papier[illegible], die wir zur Dekoration besorgt hatten, als Ziertuch in ihre [illegible] gesteckt! Wir haben mit dem VfL viele schöne Stunden ver[illegible], ich denke nur an das Pokaljahr 1968 und die Auf[illegible] [illegible] oder den Winterball …

Starschnitt

Wolfgang Kleff

Als Torwart Wolfgang Kleff mit 38 Jahren und nach einer längeren Pause dem VfL Bochum 1985 aus der Patsche helfen soll, weil dort sämtliche Torhüter aus unterschiedlichsten Gründen ausfallen, wischt er alle Zweifel über seinen körperlichen Zustand mit einem Satz hinfort: **»Ich habe mich die ganze Zeit über mit Waldläufen durch die Düsseldorfer Altstadt fit gehalten.«**

In Bochum angekommen, trainiert Kleff, trotz seiner intensiven Waldläufe durch die Altstadt, erst einmal etwas bedächtiger. Seine humorvolle Begründung klingt einleuchtend: **»Mit Muskelkater kann ich mich so schlecht bücken.«** Als schließlich kurz vor Ende der Vorrunde die eigentliche Nummer eins, »Katze« Ralf Zumdick, wieder fit ist, lehnt sich Wolfgang Kleff lächelnd auf der Auswechselbank zurück, blinzelt zufrieden in die winterliche Sonne und sagt ruhig und gelassen: **»Kein Problem. Ein älterer Herr setzt sich auch ganz gern auf eine Parkbank.«**

»**Verhüten** ist das Leben des Wolfgang Kleff. Früher als Torwart und heute für die AIDS-Hilfe.«

(TV-Moderator Frank Buschmann)

»Es waren immer die kleinen Gesten, die meinen Kontakt zu den Leuten ausmachten. Sich **90 Minuten** zu konzentrieren, da tränen einem ja die Augen.«

»Wenn die im gegnerischen Stadion mal wieder **›Otto, du bist nervös‹** riefen, hab ich da gestanden und mit dem ganzen Körper gezittert, den Kopf hin und her und die Hände wackeln lassen. Dann hatte ich sie.«

Als Otto-Walkes-Double:
»Hätten die mich Didi Hallervorden gerufen, wäre das was anderes gewesen.«

»Wenn wir gewonnen haben, benutze ich zu Hause immer dasselbe Geschirr. **Manchmal wochenlang**.«

(Peter Neururer)

Der VfL Bochum gewinnt 3:1 beim FC Schalke 04 – mit einer absoluten Notelf. Erst im letzten Moment kann man den eigentlich bereits ausgemusterten Dieter Versen ausfindig machen – er sitzt mit Freunden gemütlich in einer Kneipe. Sichtlich erleichtert erzählt Trainer Höher sehr spitzfindig nach dem Sieg: **»Zum Frühschoppen hatte der Dieter, in Unkenntnis dessen, dass wir ihn noch mal benötigen könnten, zwei Bier getrunken. Mit der Folge, dass er sich in gewohnter Form befand!«**

»Der Chef **auf dem Platz** ist die Spielsituation.«

(Co-Trainer Karsten Neitzel)

Autogrammkarte von Dieter Versen

»Ich fand **Jürgen Köper** immer gut. In meiner Erinnerung hat der immer einen bandagierten Oberschenkel gehabt. Vielleicht **weil er ein sensibler Spieler war oder so**.«

(Journalist Christoph Biermann)

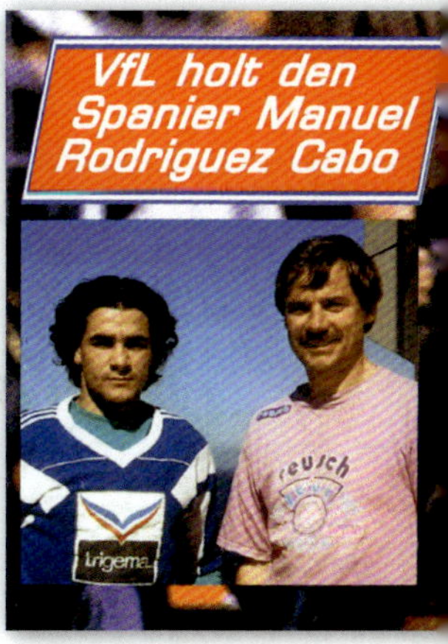

Klaus Hilpert über den ersten Spanier der Bundesliga **Antonio Manuel Rodriguez Cabo**, kurz »Oti«: »Ich war von Anfang an wie elektrisiert. Ich glaube, der Junge kann auch in der Bundesliga ein Großer werden. Er ist ein außergewöhnliches Talent.« Und Dettmar Cramer: »Jeder, der diesen Jungen gesehen hat und ihn nicht nimmt, macht sich strafbar!« Leider muss der sympathische kleine Spanier nach einigen Autogrammstunden in Videotheken schon bald wieder die Heimreise antreten. Bei seiner Ankunft in Bochum hatte Cabo so ordentlich zugelegt, dass sich das Abtrainieren der Kilos sehr lange hinzog.

»Wenn ich so Fußball gespielt hätte wie **Berti Vogts**, so als reiner Wadenbeißer, dann hätte ich mit 18 Jahren meine Fußballschuhe verbrannt.«

(Klaus Toppmöller)

Starschnitt

Jupp Tenhagen

»Als Jupp Tenhagen einmal einen furchtbaren **grippalen Infekt** hatte, da haben die ihn in Eiswasser getaucht, in der Badewanne, um den wenigstens fürs Spiel fit zu kriegen. Und der Jupp hat das mit sich machen lassen.«

(Journalist Heinz Formann)

„Kaiser" Tenhagen

VfL Bochum — Bayern München 3:1 (2:0)

Bochum: Scholz (2) — Eggert (3), Tenhagen (1), Fromm (1), Lameck (2) — Köper (1), Eggeling (3), Trimhold (2), Kaczor (2) — Balte (3), Ellbracht (3). — Trainer: Höher.
Ausgewechselt: 62. Pochstein (—) für Ellbracht.

München: Maier (2) — Horsmann (2), Schwarzenbeck (3), Beckenbauer (2), Dürnberger (2) — Roth (3), Zobel (4), Kapellmann (3) — Wunder (4), Torstensson (4), Rummenigge (3). — Ausgewechselt: 39. Weiß (3) für Zobel.

Tore: 1:0 Trimhold (27.), 2:0 Tenhagen (30.), 3:0 Fromm (75.), 3:1 Kapellmann (80.).

SR: Horstmann (Großescherle). — **Zuschauer:** 28 000. — **Verwarnt:** Kapellmann.

»Tenhagen ist der erste Mensch, der die Ecken schießen und auch noch selbst reinköpfen muss.«

(Trainer Heinz Höher)

»Der hätte zwei Spiele machen können – unter härtesten Bedingungen!«

(Hans Werner Olm über Jupp Tenhagen)

»**Laufwunder**. Andererseits konnte er aber auch keinen Stuhl umspielen!«

(Jupp Kaczor über Jupp Tenhagen)

Anfang der 1980er Jahre greift Borussia Dortmund den strauchelnden Revierklubs FC Schalke 04 und VfL Bochum finanziell in höchster Not unter die Arme. 1,1 Mio. überweist der BVB zur Saison 1980/81 für Rüdiger Abramczik an den S04 und rettet den Schalkern so die Lizenz. Nur ein Jahr später wechselt Jupp Tenhagen unter Tränen vom VfL nach Dortmund. Der ehemalige VfL-Präsident Ottokar Wüst erinnert sich: »Und dann hat der Reinhard Rauball gesagt: **›Schick uns den Tenhagen und wir schicken euch eine Million Mark.‹** Andernfalls hätte es uns am nächsten Tag nicht mehr gegeben.«

Jupp Tenhagen mit Frau Ingeborg sowie den Kindern Diane und Tanja

Unter Tränen verabschiedet sich Jupp Tenhagen von der Mannschaft. Er muss zum Reviernachbarn wechseln. Tenhagen erinnert sich: **»Ich wollte nicht weg aus Bochum. Aber ich musste auch an meine Kollegen denken. Mit meinem Wechsel habe ich die Arbeitsplätze meiner Mannschaftskameraden gesichert!«** Tenhagen verkraftet die Trennung von seinen Kollegen und seinem Verein lange Zeit nicht und zeigt in Dortmund eigentlich nie die Leistung, die ihn in Bochum zum Nationalspieler gemacht hatte. 1984 kehrt Tenhagen glücklich zu seiner alten Liebe, dem VfL Bochum, zurück.

»Wenn Sie den **Assi** nicht brauchen, schicken Sie ihn doch einfach nach Hause.«

(Peter Neururer zum Schiri; danach fand er sich auf der Tribüne wieder)

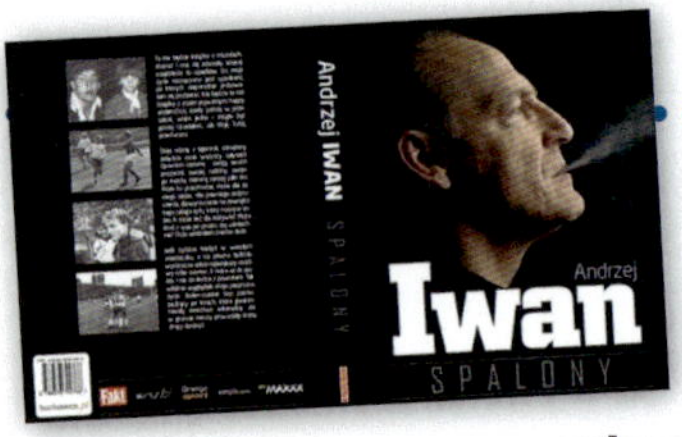

»Andrzej Iwan? Für den haben wir die komplette Wohnung eingeräumt. Vier Tage vor Weihnachten. Alle Möbel gekauft und dann alleine aufgebaut. Ralf Zumdick und Herman Gerland haben dann noch die Bilder aufgehängt. **Das ist der VfL – so war das.«**

(Christa Jewers)

»Ich finde die Stadt Bochum schön, möchte aber persönlich lieber in Düsseldorf wohnen bleiben.«

(Torjäger Jochen Abel)

Beim Meisterschaftsgewinn mit Werder Bremen in der Saison 1992/93 ist **Thorsten Legat** auch deshalb komplett aus dem Häuschen, weil Werder den Titel, wie er sagt, »mit **zwei Bochumern**« geholt hat. Der Haken an der Sache: Der Mitspieler, den Legat meint, ist Stefan Kohn. Und der hat für den VfL nur ganze 55 Spiele bestritten – und kommt gebürtig aus Ellwangen in Baden-Württemberg!

»Ich kann heute noch nicht verstehen, wenn man in Bochum Autos von Leuten sieht, die hier in Bochum wohnen, und die haben da hinten ein Abzeichen von Schalke 04 oder Borussia Dortmund drauf. Tut mir leid, kann ich nicht nachvollziehen. Man wohnt hier in **Bochum**, ist Bochumer und zugleich ein Fan von Schalke oder Dortmund?! Ist das Gleiche, als wenn Holland gegen Deutschland spielt und viele Leute halten zu Holland.«

(Frank Benatelli)

»Bin so dankbar für die Zeit in **Bochum**. Die Fans dort, wie soll ich es sagen – **das ist wahre Liebe!**«

(Christoph Kramer)

»Um viermal aus der 1. Liga abzusteigen, muss man erst einmal dreimal aufgestiegen sein.«

(Werner Altegoer)

»Immer mehr werden die **Schiedsrichter** zu Leuten, die am meisten auf die **Lebenserwartung** von uns Trainern drücken.«

(Jürgen Gelsdorf)

Starschnitt ....

Michael »Ata« Lameck

Michael Lameck

»Beim ersten **Waldlauf** habe ich immer nur sein rechtes Bein gesehen, wo er auf Zehenspitzen lief. Da habe ich schon überlegt, was ist das denn für einer. Bis mir nachher einer erzählt hat: An den brauchst du dich nicht dranzuhängen, auch wenn es komisch aussieht. Der hat ein kürzeres Bein, aber der läuft am meisten von uns allen!«

(Stefan Kuntz über Ata Lameck)

»Von seiner **Haltung** und von seinem Einsatz war das immer ein Vorbild. Und Vorbildern versucht man nachzueifern. **Michael Lameck ist sportlich in jeder Beziehung nur zu empfehlen.** Auch heute noch!«

(Ottokar Wüst über Ata Lameck)

»Wir lagen in Frankfurt zur Pause mit 1:3 zurück. Es war **35 Grad** heiß, Trainer Höher war fix und fertig. Wir haben uns in der Kabine nur gesagt, wir gehen jetzt raus und treten auf alles, was sich bewegt. Das war ein Bombenspiel. **Wir haben 5:3 gewonnen.**«

(In der Halbzeit war der VfL bereits abgestiegen.)

Heinz Höher, Trainer

»**Fußball** ist einfach: Auf jeder Seite steht eine Kiste, **und da muss der Ball rein.**«

Als Bochums Ata Lameck nach dem Spiel in Bremen den Werder-Trainer Otto Rehhagel trifft, der ihn in den Tagen zuvor als »Treter« bezeichnet hat, kennt der Abwehrrecke nichts. Er schleudert dem Coach und ehemaligen Bundesligaprofi Rehhagel auf der Tartanbahn entgegen: **»Du warst doch früher auch nur ein Klopper!«**

Lameck, Abel und Tenhagen

»Der stand ja nie, wie ’ne Nähmaschine. Ata war immer **unterwegs**.«
(Erwin Steden über Ata Lameck)

»Ein **Handwerker** gibt seine Werkzeuge auch nie aus der Hand. Ich habe meine Schuhe auch immer selber geputzt.«

»Solch einen **Pass** spielt normalerweise nur jemand, der bedingt durch eine Krankheit im **Rollstuhl** sitzt.«

(Peter Neururer)

»Trainer – das ist kein Job für Clowns. **Toppmöller** glaubte, er sei der Nabel der Welt. Der Mann steckt voller Minderwertigkeitskomplexe. Anders kann ich mir dessen Überheblichkeit und Profilierungssucht nicht erklären.«

(Winfried Schäfer über Klaus Toppmöller)

Hermann Gerland ist jetzt in Bochum Assistenztrainer und für die Talentsuche zuständig. Nicht immer hat er es da mit Granaten zu tun: **»Mein Gott, was haben sie mir schon für Leute vorgeschlagen. Da waren Riesenpleiten dabei. Leute, die sich nicht einmal die Schuhe zubinden konnten.«**

Am **15. Spieltag** der **Saison 1972/73** trifft der VfL Bochum auf den großen FC Bayern München. Das Spiel geht vor 27.000 Zuschauern im Ruhrstadion standesgemäß mit 0:2 aus. Doch die Bochumer sind nach der Partie sauer auf Schiedsrichter Günter Linn aus Altendiez und seine beiden Linienrichter. Warum? VfL-Spieler Jürgen Köper schildert die kniffligen Szenen: **»Der Hoeneß stand beim ersten Tor mindestens neun Meter im Abseits. Der Linienrichter dachte wohl, der spielt bei uns Libero, der hat 'nen Komplex gehabt!«** Danach gibt es zuerst Tumulte, dann direkt den Anstoß für die Bochumer. Jürgen Köper erneut: **»Wir bekommen den Ball auf links. Der Werner Balte will flanken, der Ball rutscht ihm ab und schlägt hinter dem verdutzten Maier in den Winkel ein. Die Bayern beschimpfen sich gegenseitig, und was tut der Schiri: Der macht eine Kehrtwendung, läuft zum Linienrichter auf der anderen Seite, unterhält sich mit ihm und lässt den Anstoß noch mal wiederholen.«** Und weshalb? Noch während der Ball in der Luft ist, wird eine Dose aufs Spielfeld geworfen. Der Linienrichter hebt die Fahne und der Schiri pfeift ab – ganz zum Ärger der Bochumer.

Werner Balte

Walitza, Köper und Wosab beim Training

Bundesliga

Der VfL bleibt im Pech

VfL Bochum — Bayern München 2:1 (0:0)

VfL Bochum: Scholz (2) — Gerland (2), Tenhagen (2), Franke (3), Lameck (2) — Versen (2), Eggert (3), Trimhold (3), Woelk (3) — Abel, Bast (1). — Ausgewechselt: 34. Pochstein für Abel, 69. Herget für Pochstein. — Trainer: Höher.

Bayern München: Maier (2) — Niedermayer (3), Schwarzenbeck (3), Augenthaler (3), Horsmann (3) — Rausch (3), Dürnberger (3), Roth (3) — Hoeneß (3), Müller (3), Rummenigge (3). — Trainer: Lorant.

… 2:1 Rausch (88.). — **SR:** Engel (Reimsbach). —

Der Nagel, den man **Jupp Kaczor** in seinen gebrochenen Unterschenkel gepflanzt hat, ist 34,5 Zentimeter lang und 14 Millimeter dick. Als er entfernt wird, meint der stets prächtig aufgelegte Stürmer: »Wenn ich mal Schluss mache, dann haue ich den Nagel in die Wand des Wohnzimmers und hänge meine Schuhe dran!«

Jupp Kaczor

Der VfL Bochum dreht gegen Bayer Leverkusen einen Rückstand in der allerletzten Minute in einen 3:2-Sieg. Das komplette Ruhrstadion jubelt. Wenigstens die, die noch können. Die Trainergattin **Hildegard Schafstall** bricht beim Siegtor mit einem Kreislaufkollaps zusammen. Ihr Mann im Anschluss (noch) ganz nüchtern: **»Ich konnte es soeben noch verkraften. Für meine Frau war es zu viel!«** Ein Piccolo hilft aber auch ihr schnell wieder auf die Beine!

»Und wenn da einer vor der Ostkurve **›Mambo‹** tanzt, wir dafür allerdings den Aufstieg schaffen, dann stehe ich als Trommler zur Verfügung.«

(uwe1848, VfL-Fan-Forum)

Der »Reviersport« spürte 1990 eine lustige **Anrufbeantworter**-Geschichte auf: »In der Stadionzeitung ›VfL Express‹ hatte Reekers auf die Frage, wie lautet Ihr Lieblingswitz, Folgendes geantwortet: ›Meinen Lieblingswitz kann ich leider der breiten Öffentlichkeit nicht mitteilen. Aber man kann mich anrufen unter folgender Nummer …‹ Die Telefonnummer, die dann folgte, war die seines Mannschaftskameraden Ostermann, der von Stund an keine ruhige Minute mehr hatte. Doch Ostermann schlug zurück. Flugs besorgte er sich einen Anrufbeantworter, auf dem er den Neugierigen Folgendes mitteilte: ›Die Rufnummer hat sich geändert, die neue Nummer lautet …‹ Was dann kam, war die ebenfalls geheime Telefonnummer von **Rob Reekers**. Der hatte keinen Anrufbeantworter und muss jetzt am Montag zur Post, um sich eine neue Geheimnummer geben zu lassen.«

»Es ist wahrscheinlicher, dass wir in den nächsten zehn Jahren zweimal absteigen, als dass wir einen Pokal in den Himmel recken. Aber auf ›wahrscheinlich‹ ist geschissen.«

(Frank Goosen im Jahr 2009)

»Das qualifiziert ihn vielleicht für ein **Oben-ohne-Poster** in deinem Schlafzimmer, aber für mehr auch nicht.«

(Antwort eines VfL-Fans auf den Kommentar eines anderen Anhängers, der den Trainer Peter Neururer mit den Worten »Mit Peter war es echt am Schönsten beim VfL« zurückhaben wollte)

Als **Thorsten Legat** beim VfB Stuttgart spielt, wollen die schwäbischen Journalisten natürlich von ihm wissen, ob er schon die regionale Spezialität Spätzle probiert habe. Legat, der Junge aus dem Ruhrgebiet, antwortet ehrlich: »Die hab ich noch nicht probiert, im Allgemeinen mag ich Geflügel aber sehr gerne!«

»Wenn man nach so langer Zeit wieder einmal trifft, dann begreift man, was so ein Tor bedeutet: **Es schließt die Seele auf, ich denke wieder positiv.«**

(Heiko Bonan)

Das Duo Heiko und Dariusz

Nicht, daß falsche Schlüsse aufkommen: Heiko Bonan (links) und Dariusz Wosz trinken in der Schlußphase der Bundesliga keineswegs Bier! Dieses Foto stammt noch vom Winterball des VfL, wo Dariusz offiziell vorgestellt wurde. Damals unkten viele noch: Hoffentlich passen die beiden überhaupt zusammen! Inzwischen haben sie bewiesen, daß sie sogar sehr gut harmonieren können! Und es gibt auch kein Bier mehr, sondern nur noch Wasser . . .

Foto: Brenski

Starschnitt ....
Christa Jewers

40 Jahre auf der VfL-Geschäftsstelle: Christa Jewers (Bild) & ihre Kollegin Christa Ternow

»Gibt es Zeiten, an die Sie sich besonders gerne erinnern?«

Christa Jewers: »Die 70er, ja. Die Jungs haben für mich den VfL verkörpert. Jupp Tenhagen, Lothar Woelk, Ata Lameck, das war für mich die Mannschaft. Die haben zusammengehalten, das war eine Einheit – das sind heute noch VfLer.«

»Sie erinnern sich gerne an früher?«

Christa Jewers: »Ja, natürlich. Mit den Spielern von damals haben wir sogar manchmal Eintrittskarten verkauft. Vor manchen Spielen war so viel los, und wir waren ganz alleine, da haben sie eben auch einmal am Schalter gestanden. Das war für die ganz normal. Das kann sich heutzutage wirklich niemand mehr vorstellen.«

»Was war in all den Jahren ein besonders schwieriger Moment?«

Christa Jewers: »Als Jupp Tenhagen damals nach Dortmund gehen musste, das hat mich tief getroffen. Ich war hautnah dabei. Er wollte nicht weg, aber wenn man das so platt sagen will, dann hat er damals den VfL gerettet. Wenn er es nicht gemacht hätte, würde es den VfL heute wohl nicht mehr geben.«

»Und wie war das Verhältnis zu den Trainern?«

Christa Jewers: »Früher etwas besser. Wir haben mit den Trainern damals praktisch alles getragen. Die Situation, die Sorgen. Das haben wir damals alles noch mit denen besprochen und die mit uns. Heute wird alles so kompliziert gemacht. Die haben einfach nur Fußball gespielt. Und das hat funktioniert.«

Matthias Herget, Michael Lameck und Jupp Tenhagen im Februar 1978

Die Geschichte des ....
Diego »Winnetou« Klimowicz

»Diego Klimowicz – ein **Name** wie Winnetou Koslowski.«
(Manfred Breuckmann)

DIEGO KLIMOWICZ
Bei Schiri Wagner sieht Klimo Rot
Schon vier Platzverweise!

BOCHUMS STÜRMER SAH VIER MAL ROT VON LUTZ WAGNER
Klimowicz' Rot-Affäre

Eine fast unglaubliche Geschichte ist es, die sich da zwischen dem Fußball-Profi Diego Klimowicz und dem Schiedsrichter Lutz Wagner abgespielt hat. Als Wagner am Nachmittag des 5. Dezember 2009 die Rote Karte zückt, ist es seit dem 13. August 2005 bereits das vierte Mal, dass der Schiri Klimowicz des Feldes verweist. Bochums Kapitän Marcel Maltritz ist ebenso erstaunt wie sein Mitspieler: »Man könnte meinen, dass Diego ihm mal die Frau ausgespannt hat.« Diego Klimowicz sieht die Sache allerdings nicht ganz so entspannt. »Das ist nicht normal. Der hat was gegen mich«, mutmaßt er und kocht vor Wut. Doch wahrscheinlich war es genau andersrum. Connie Francis sang früher so treffend »Die Liebe ist ein seltsames Spiel«, und ein altes Sprichwort bringt es ganz gut auf den Punkt: »Was sich liebt, das neckt sich.«

Bundesliga Zweite Liga Motorsport Ergebnisse Forum/ Chat Sport-Teleg
Bild.de
Finden ○Bild.T-Online ◉Web ○S
Seite 1 > Sport > Fußball-Bundesliga
T··Online·
6. November 2007 09:20:56

Hertha – Bochum 2:0

Eigentor! Was für ein *Fehl*tritz

VON HENNING FEINDT, JÖRG ZSCHOCHE UND ROBERTO LAMPRECHT

Was für ein schlechtes Spiel zweier Krisenklubs!

Hertha BSC murkst sich zu einem 2:0 (2:0) gegen Bochum, der VfL schlägt sich quasi selbst!

Dabei hatte Hertha-Trainer Favre noch am Donnerstag alle verblüfft. Er verglich seine Berliner mit der Zaubertruppe von Arsenal London, die gerade in der Champions League Slavia Prag 7:0 abgefertigt hatte.

Der Schweizer: „So wird das bei uns auch mal."

Hertha-News

Wie bitte? 26 Minuten zeigen Hertha und Bochum Folter-Fußball pur. Keine Tor...

Denn Lutz Wagner zeigt sich nur ein paar Tage nach dem **Platzverweis** von seiner romantischen Seite und schickt dem Argentinier über die Medien eine versteckte Liebesbotschaft: »Zum Saisonende ist für uns beide in der Bundesliga Schluss. Dann möchte ich Herrn Klimowicz gerne zu mir nach Hause einladen. Bei einem Glas Wein kann man alte Spannungen bestimmt lösen.«

Und auch die seit über zwanzig Jahren glücklich verheiratete Ehefrau des Schiedsrichters freut sich bereits auf ein kleines feuriges Abenteuer mit dem Südamerikaner. Neugierig erkundigt sie sich: »Ich kenne Klimowicz nicht. Schaut der gut aus? Wenn ja, müsste ich mich mal damit beschäftigen …«

Doch die Liebe bleibt leider unerfüllt. Der Argentinier packt zum Ende der Spielzeit seine Koffer und verschwindet Richtung Heimat. An die Wagners soll er bei seiner Abreise übrigens keine warmen Gedanken mehr verschwendet haben …

Diego Klimowicz wird von Lutz Wagner des Feldes verwiesen, wieder mal …

Aus dem Nähkästchen: Damenbesuch

In den achtziger Jahren ist Trainer **Rolf Schafstall** während der zweiwöchigen Saisonvorbereitung der Mannschaft im idyllischen Sauerland für einen Tag zu Spielerbeobachtungen in die nähere Umgebung gefahren. Das wissen auch die Kicker des VfL und haben ganz offensichtlich die **»sturmfreie Bude«** bereits von langer Hand geplant. Dies ist wiederum den Mannschaftsbetreuern nicht entgangen, die sich hinter einer Zimmerpflanze in der Lobby versteckt haben und auf alles vorbereitet scheinen, was sich in den folgenden Stunden bis zur Rückkehr des Trainers auch zutragen mag. Doch als an der Rezeption vier leicht bekleidete Damen auf hochhackigen Schuhen einige Spielernamen nennen und nach deren Zimmernummern fragen, reiben

46

Wo Globetrotter drauf steht, sind auch Globetrotter drin: Anke und Tanja lassen sich gerne den Duft der weiten Welt um die Nase wehen. Einmal auf die Trauminsel Mauritius oder wie die Marlboro-Cowboys durch Arizona reiten. Den Wünschen sind keine Grenzen gesetzt. Vielleicht macht Anke auch mal einen Abstecher in die Türkei: dort spielt jetzt Maurizio Gaudino, den Anke zum Anbeißen findet.

sie sich doch ungläubig die Augen. Nervös diskutieren sie, was zu tun ist. Sie beschließen den schnellen, rücksichtslosen Eingriff und eilen die Treppen hinauf zu den Zimmern der Spieler. Von draußen lauschen sie, hören aufgeregtes Geplapper und stürmen hinein.

Brav um einen Tisch gereiht, sitzen die Damen mit drei Spielern zusammen und rauchen. Still stehen die Betreuer den Spielern gegenüber und starren sie an. Bis draußen auf dem Flur deutlich ein fröhliches Pfeifen zu hören ist. Dann öffnet sich die Tür und herein tritt mit einem Lächeln auf dem Gesicht und vier Sektgläsern auf einem Tablett **Ata Lameck**. Als er die Mannschaftsbetreuer erblickt, dreht sich der ewige Rekordspieler des VfL mit einem eleganten Schwung, macht auf dem Absatz kehrt und verlässt, ohne ein Wort zu sagen, immer noch pfeifend das Zimmer. Die vier durstigen Damen folgen unter den mürrischen Blicken der frustrierten Spieler wenige Augenblicke später. Trainer Rolf Schafstall soll angeblich nie etwas von diesem misslungenen Tête-à-tête erfahren haben.

Michael Lameck (Bochum)
Mittelfeldspieler; geb. 15. 9. 1949; spielte früher bei TuS 81 Essen und Schwarz-Weiß Essen.

Starschnitt Dieter Bast

»Der Bast hätte schon fünfzig, sechzig Länderspiele, wenn er bei Bayern spielen würde. Aber der ist eben ein richtiger **Ruhrgebietsjunge**. Wenn der nicht dreimal am Tag von ferne eine Zeche sieht, dann ist der unglücklich.«

(Max Merkel)

»Ein wunderbarer Fußballer, aber – der war mir zu **faul**!«

(»WAZ«-Reporter Heinz Formann)

»Ich habe euch immer gesagt«, sagt Dieter Bast mit Blick auf körperliche Beschwerden im Alter augenzwinkernd, »lauft nicht so viel, denkt an später.« Und an seinen ehemaligen, sehr lauffreudigen Mitspieler Ata Lameck gerichtet: **»Laufen konnte der schon immer. Nur grätschen konnte er nie. Aber er wäre auch nicht mehr hochgekommen.«**

»Einen hatte ich mal. Ein ganz wunderbarer Typ! Aber er hat sich über seine eigene Situation, über die Situation seines Gegenspielers, über die **Sozialstrukturen** in seiner Mannschaft so viele Gedanken gemacht, er hat mitten im Spiel alles so bilateral und multilateral behandelt – da war immer der Ball weg.«

(Peter Neururer auf die Frage, ob es Spieler gibt, die zu klug für Fußball sind)

»Um den Iwan zu kriegen, musste ich meine Leber opfern«, hat der frühere Bochumer Manager Klaus Hilpert nach der Verpflichtung des Polen **Andrzej Iwan** einmal nüchtern-reflektierend festgestellt.

Der VfL bot über weite Strecken im **Pokalfinale 1988** gegen Eintracht Frankfurt eine hervorragende Leistung, wie in der Nacht nach dem Spiel auch Frankfurter Fans einigen Bochumer Spielern in einer Berliner Kneipe versicherten. Und nachdem Walter Oswald auch noch sein Jackett in bierseliger Runde an einen Frankfurter Fan verschenkt hatte, meinten viele der Hessen voller Anerkennung: **»Hätten wir vorher gewusst, wie nett ihr seid, dann hätten wir heute zu euch gehalten.«**

»Wer jetzt noch vom Klassenverbleib spricht, den schicke ich zum **Psychiater**.«

(Peter Neururer in auswegloser Situation)

»Das Besondere ist, einen Verein zu haben, der manchmal gewinnt. Weil man die Erfolge viel intensiver genießt und auskostet als bei einem Verein der jede Woche gewinnt. Wenn man **3:0 gegen Dortmund** gewinnt, muss man den Abend rausgehen und bis morgens die Nacht durchfeiern, weil man weiß nie, ob es das letzte Mal ist. Auch 'nen Abstieg muss man den Tag feiern, weil an dem Tag ist man ja noch Bundesligist, an dem Tag ist man ja noch dabei gewesen. Man weiß ja auch nicht, ob das noch einmal wiederkommt. **Deshalb ist jedes Erfolgserlebnis des VfL ein Grund zum Feiern!**«

(Radiokommentator Günther Pohl)

Brief an den Landesbetrieb Straßenbau NRW

»Sehr geehrte Damen und Herren,

leider musste ich gestern bei einer Heimfahrt von Düsseldorf nach Bochum feststellen, dass Ihnen bei der Beschilderung auf der BAB 52 kurz vor dem Anschluss Essen Ost ein Fehler unterlaufen ist. Dort steht auf einem Schild:

Dortmund
Bochum

Zwar ist das Schild in den schönen Farben Blau und Weiß gehalten, dennoch möchte ich darauf hinweisen, dass sowohl in der aktuellen Tabelle als auch in der Abschlusstabelle der vergangenen Saison Dortmund unter Bochum steht. Ich bitte Sie hiermit, diesen Fehler umgehend zu beheben.

Den möglichen Einwand, dass Dortmund in langjährigen Statistiken oberhalb von Bochum angesiedelt ist, kann man nicht gelten lassen, da Sie bei Störungen in Ihrem Streckennetz ja auch aktuelle Umleitungen einrichten, statt sich auf die ehemalige Befahrbarkeit von Teilstrecken zu berufen. Sympathisch fand ich übrigens den Verzicht auf die Nennung Gelsenkirchens, da dies vielleicht sachlich korrekt wäre, das Schild aber nicht verschönern würde.«

Starschnitt ……………… Frank Benatelli

Frank Benatellis **Herz** schlägt heute immer noch für seinen alten Verein: »Für mich war das klar, dass ich VfL-Fan bin. Einmal wegen meines Vaters, aber dann finde ich es sowieso schlimm, wenn einer hier in Bochum geboren ist und Fan von Schalke oder Dortmund wird. Die Leute werden auch mit der Stadt identifiziert, aus der sie kommen, auch wenn sie mal woanders sind. Aber hier im Viertel gab es viele Schalker und Dortmunder. Schalke habe ich irgendwo immer gehasst. Auch aufgrund der Fans, die waren immer als Großschnauzen bekannt. Das war auch später als Spieler noch so. Wenn Bochum gegen Schalke spielte, habe ich immer noch als Fan gespielt, da hat es innerlich gekocht.«

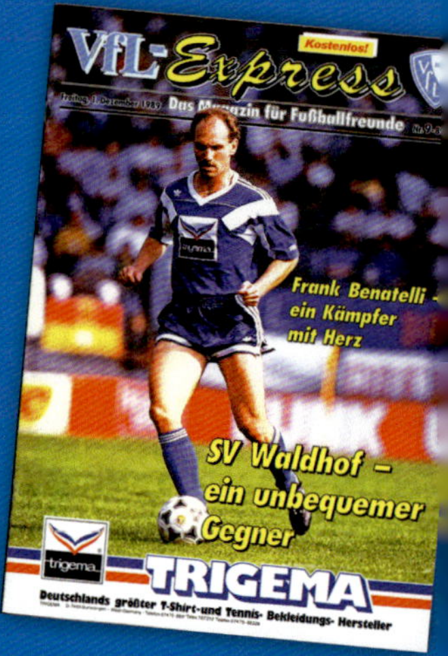

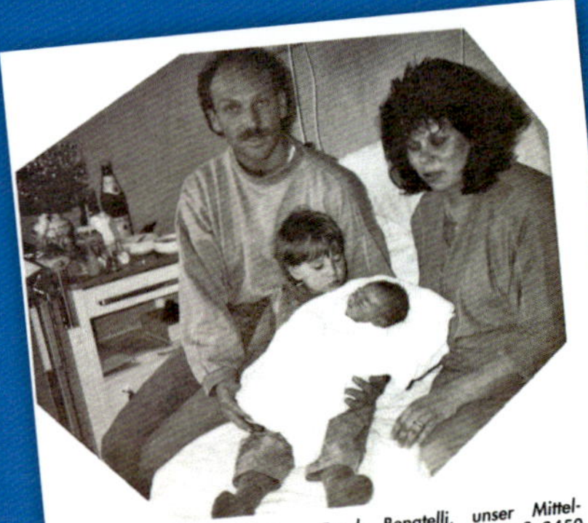

„Familienverstärkung" bekam Frank Benatelli, unser Mittelfeldspieler. Seine Frau brachte Sohn Rico zur Welt. 54 cm groß, 3450 Gramm schwer. Am 17. 3. wurde er um 21.01 Uhr in Herdecke geboren. Da freuen sich natürlich Laura, Frank und Susanne Benatelli ... Unser Mittelfeldspieler: „Die Freude und das Lächeln der Kinder sind der Sommer des Lebens" – ein Zitat von Jean Paul.

VFL-EXPRESS | 23

Sohn Rico spielt heute für Erzgebirge Aue.

»Herr Benatelli, Sie waren ja bei unserem einzigen Sieg bei den Bayern nicht nur dabei, sondern haben doch bestimmt noch Ihr Tor im Kopf, oder?«

Frank Benatelli strahlt: **»Ja, gut, sicherlich, hat man die Szene noch vor Augen. Mittwochabend. 20.000 Zuschauer im Olympiastadion. 81. Minute. Wir führen bereits durch ein Tor von Heiko Bonan mit 1:0. Der Ball kommt zwanzig Meter vor dem Kasten zu mir rübergerollt. Ich zieh knallhart ab, und Raimond Aumann im Tor der Bayern hat keine Chance. Drin isser!«**

Der Ball rauscht vor unserem inneren Auge noch einmal vorbei und landet mit einem satten Geräusch klatschend in den Maschen des Olympiastadions. Tosender Beifall brandet auf. Das Publikum schwenkt voller Erinnerungen sehnsüchtig die mitgebrachten Schals und Fähnchen. Mitten in den Applaus hinein ruft Benatelli lachend: »War allerdings auch kein großes Ding, dass wir das Spiel gewonnen haben. Unser Trainer war ja damals der Anzugträger und Weltmeister-Assistent von 1990, Holger Osieck. Und da ist sein Freund, der Franz Beckenbauer, vor dem Spiel in unsere Kabine gekommen und hat gemeint: ›Immer nur schön über links spielen. Da steht der Ziege, der kann nichts.‹ Und was soll ich sagen: Das haben wir dann auch ganz genau so gemacht!«

„Fuchs" Beckenbauer fand VfL-„Stall" nicht

München „weg vom Fenster" / Bochum schaut nach Ludwigshafen

Bei Regen spielen die Bayern nach den Worten ihres kleinen groß-sprecherischen … Mannschaft durcheinander?" Die Befürchtungen …

»**Der erste Gegner** im Abstiegskampf sind wir selber. Und es ist egal, ob wir jetzt gegen Bayern München oder **Vorwärts Nippes** spielen.«
(Peter Neururer)

»Und wo schöpfen Sie dann Ihre Hoffnung her?«, fragt ein Reporter Trainer Rolf Schafstall im aufreibenden Abstiegskampf. **»Ich hoffe, dass ich heute Abend ein vernünftiges Abendessen kriege. Das kann ich Ihnen sagen.«**

Der unerschrockene Bochumer Aufsteiger **Harry Fechner** arbeitet bei der Sparkasse. Auf die Frage, ob er Angst vor einem Überfall habe, sagt er: **»Ich glaube nicht daran, dass einer so dumm sein könnte und das bei uns versuchen würde. Wenn, dann kriegt er aber voll eins auf die Nuss!«**

Die Bochumer Spieler leben gefährlich

Ihr verantwortungsvoller Beruf wirkt sich auf dem Spielfeld nachdrücklich aus

Werner Jablonski ist Geldbote bei der Sparkasse in Bochum. Er steht über Funk mit der Sparkasse in ständiger Verbindung. Auch auf dem Feld (unten) ist er für die Sicherheit zuständig.

»Im Training lasse ich sie statt zehn nur neun Runden laufen.«
(Hermann Gerland auf die Frage, wie er seine Spieler belohnt)

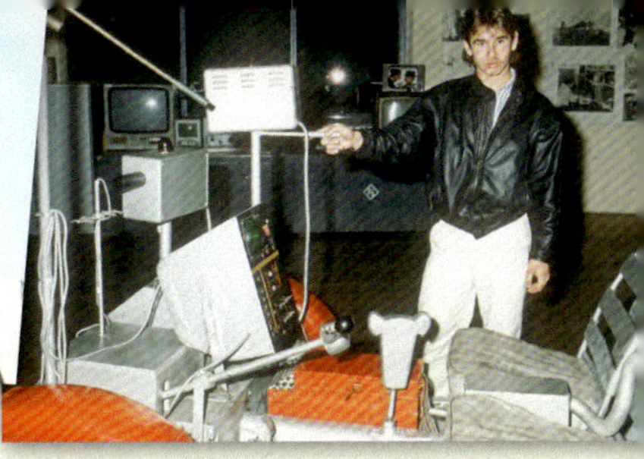

Thomas Epp mit seinem Auto und an seinem Arbeitsplatz

Als die beiden ehemaligen Bochumer **Thorsten Legat** und **Thomas Epp** für Eintracht Frankfurt spielen, müssen sie eines Tages verletzt nach München zu **Doktor Müller-Wohlfahrt**. Nach einer etwas längeren Wartezeit kommt der große Schauspieler **Pierre Brice**, gestützt von seiner Frau, durch die Tür herein. Er schreit vor Schmerzen. Offensichtlich plagt ihn ein Hexenschuss. Seine Frau bittet die beiden Profis inständig, ihren Mann vorzulassen. Doch Legat kennt kein Erbarmen und antwortet ohne lange zu überlegen: **»Nee!«** Etwas nachdenklicher schiebt er hinterher: **»Außerdem dachte ich, ein Indianer kennt keinen Schmerz!«**

»Der Schafstall war ja auch nicht besonders groß, aber wenn der ein bisschen was getrunken hatte … Mein lieber Mann, dann war der plötzlich nicht mehr ein Meter fünfundsechzig, sondern **über zwei Meter**.«

(Konditionstrainer Erich Klamma über Trainer Rolf Schafstall)

Starschnitt
Werner »Eia« Krämer

»Eia Krämer guckte nie auf den **Ball** – er wusste, wo der Ball war!«
(Heinz Formann über den Star des VfL)

Kurz vor der **Weltmeisterschaft 1966** hat Eia Krämer in England einen heftigen Disput mit Bundestrainer Helmut Schön. Inhalt der lautstarken Unterredung ist Krämers üppiger Gerstensaftkonsum. Nach Meinung Schöns fällt dieser für einen Profi doch etwas zu intensiv aus. Völlig geschockt kommt der Spieler nach dem Gespräch aus der Kabine, öffnet erst einmal ein schönes Pülleken Bier zur Beruhigung und tritt dann, ohne weiter über die Konsequenzen nachzudenken, dem Bundestrainer erneut unter die Augen: **»Wenn Sie so mit mir sprechen, Trainer, dann fahr ich lieber nach Hause. Denn dat Biertrinken, dat können Sie mir nicht nehmen!« Helmut Schön ist sichtlich überrascht. Hätte sich der Bundestrainer jedoch zuvor auch nur ein einziges Mal bei Krämers Fußballlehrer Hermann Eppenhoff erkundigt, so hätte dieser ihm sicherlich die herrlich einfache Wahrheit ebenso nüchtern präsentiert wie einige Jahre später dem Bochumer Journalisten: »Wenn du dem Eia das Bier nimmst, dann nimmst du ihm das Können.«**

Am **22. August 1981** beehrte der große 1. FC Köln mit Spielern wie Toni Schumacher, Rainer Bonhof, Tony Woodcock oder Klaus Fischer den VfL.

Trainer Rolf Schafstall (Mitte) mit den Neuzugängen des VfL Bochum im Juli 1983: Frank Schulz, Bernd Gerber, Frank Benatelli, Stefan Kuntz, Peter Grünberger und Günter Habig (von links)

Damals filmte ein TV-Team des ZDF die Pausenansprache des Bochumer Trainers Rolf Schafstall: **»Hömma, habt ihr das schon gemerkt, dass wir im Moment dran sind, uns selber zu schlagen? Mit langen Pässen und Schnibbeln und machen den Gegner stark, indem wir hier sagen, da hasst'n doch, spiel doch mit Köln. Wer seid ihr schon? Die hauen euch in der zweiten Halbzeit, hauen die euch den Laden voll. Das ist Köln! Schlimm ist das mit anzugucken. Leute, eins kann ich euch sagen: Die sind kaputt, und ich habe den Eindruck, die sind kaputter als wir. Die haben die Reise, Barcelona, haben die drin, da geht kein Weg dran vorbei, das müssen wir nur ausnutzen, indem wir konzentrierter sind als Köln, weil wir mehr drauf haben, müssen wir konzentrierter sein.«** Worte und Bilder aus einer anderen Zeit. Das Spiel endete 3:1!

»Wir wollten uns auf die Situation einstellen und haben **bei 45 Grad** trainiert. Das hat nicht geklappt, heute waren es 47.«

(Peter Neururer)

Frage eines Journalisten an Dragoslav Stepanovic: **»Fühlen Sie sich noch als Trainer?«** Antwort: **»Natürlich. Ich habe am Montag gleich den Peter Neururer angerufen und ihm gesagt: ›Peter, pass auf, wenn du das in Bochum vermasselst, sind wir alten Männer um die 65 für alle Zeiten erledigt.‹«**

»Die Bochumer werden von uns durch einstimmigen **Vorstandsbeschluss** zum ersten **Absteiger** gemacht.«

(Arminia Bielefelds Präsident Hans-Hermann Schwick, nachdem der Bielefelder Stürmer Momo Diabang einen Vertrag beim VfL unterzeichnet hat, der nur für die Bundesliga gilt)

»Ich sage nichts zur **Situation des Trainers**. Es wird mir doch anders ausgelegt, wie ich es gemeint habe.«

(Präsident Werner Altegoer)

»Ich will nicht noch 50 Jahre warten, um den ersten Sieg gegen die Bayern zu landen.«

(Klaus Toppmöller einen Tag vor seinem 50. Geburtstag)

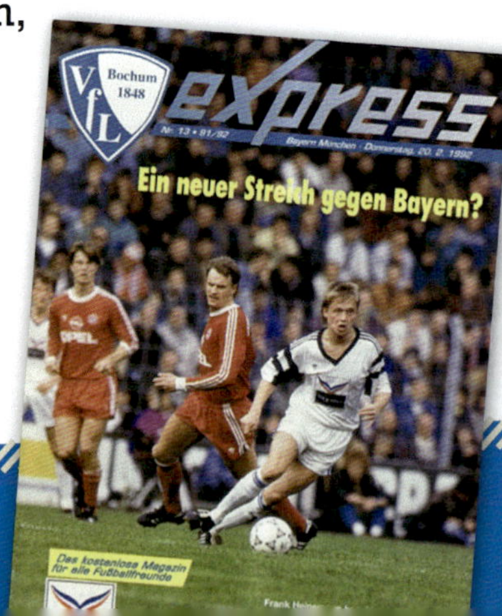

»**Meine Jungs** sitzen noch in der Kabine. Sie wollen alle hier bleiben und nächste Woche wieder hier spielen.«

(Klaus Toppmöller nach zwei kurz aufeinanderfolgenden Auswärtssiegen – Pokal- und Punktspiel – mit dem VfL Bochum beim 1. FC Kaiserslautern)

„Schade, dass wir in dieser Saison nicht aufeinandertreffen. Aber der VfL wird wieder aufsteigen, denn Bernard Dietz hat in seinem Kader eine gute Mischung aus routinierten Spielern und talentierten Nachwuchskickern. Ich werde die Entwicklung genau beobachten, schließlich ist mein Sohn Dino jetzt VfLer."

Klaus Toppmöller, ehemaliger VfL-Trainer und jetzt Chefcoach bei Bayer Leverkusen.

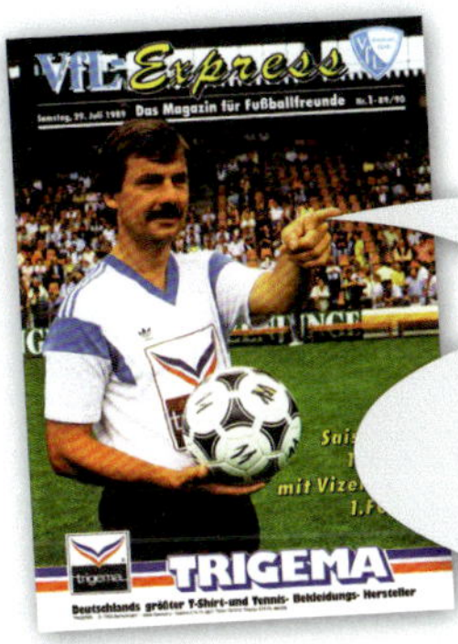

»Ralf ist menschlich okay, im Grunde ein lieber und netter Typ. Aber viel zu schwach. Vielleicht ein guter **Torwart-Trainer**.«

(Achim Weber über seinen Trainer Ralf Zumdick)

»Mit der **Zunge** darf man schon mal ins Fettnäpfchen treten. Nur nicht allzu oft mit dem Fuß.«

(Reinhard Saftig)

»Fußball heißt **Tore** schießen und Tore verhindern. Wir schießen zu wenige und wir verhindern zu wenige. Das zwischen den Toren sieht allerdings manchmal wie Fußball aus.«

(Hermann Gerland)

Starschnitt ....
Stefan Kuntz

»Wenn es geht, dann von links. Rechts habe ich mich nämlich beim **Rasieren** geschnitten.«

(Bei einem Fototermin zum Fotografen)

Endlich kann Klaus Fischer wieder antreten und schießt bei Bochums 2:3-Niederlage in der Saison 1985/86 gegen Uerdingen gleich zwei Tore. Sein Mannschaftskamerad Stefan Kuntz ist so erleichtert, dass der alternde Torjäger wieder da ist, dass er ihm sogar einen Zweizeiler widmet: **»Sechs Monate war Klaus Fischer krank, nun trifft er wieder, Gott sei Dank!«**

Bayern verliert in Bochum durch drei Tore von Stefan Kuntz mit 3:0. Der Torschütze gibt hinterher allerdings zu: »Irgendwie hatte der Pfaff heute die Arme falsch eingerenkt!« Und auch Bayern-Trainer Udo Lattek nimmt kein Blatt vor den Mund: »Was willst du denn machen, wenn sich der Torwart die Dinger schon selbst reintut?!«

Stefan Kuntz kämpft gegen die Tränen an: **»Eine Sache, die habe ich noch nie erzählt.** Die ist mir auch ein bisschen peinlich. Aber immer wenn es mir schlecht geht, bin ich nah am Wasser gebaut. Irgendwann überkommt es mich dann und ich muss einfach heulen. Am besten geht das bei mir, wenn ich so romantische Schnulzen gucke. Aber meine Frau ist ja nicht hier in Bochum, und da sieht das immer so ein bisschen blöd aus, wenn ich alleine im Kino bei ›P.S. Ich liebe dich‹ sitze und heule. Und da es mir im Moment nicht besonders gut geht, habe ich aus purer Verzweiflung am Sonntag **›Nur die Liebe zählt‹** angeschaltet. Mit Kai Pflaume. Das war richtig furchtbar. Da ist ein Mann gewesen, der hat seinen Bruder vierzig Jahre nicht gesehen. Ich habe Rotz und Wasser geheult.«

Stefan Kuntz mit Freundin Sabine vor dem heimischen Kamin

Unser Boris heißt Stefan

»Vielleicht gehe ich nach Istanbul zurück und fahre ein Jahr nach Australien oder gehe ins **Dschungelcamp**.«

(Über die Zeit nach seinem Engagement in Bochum)

»Die **Anatomie** hat dem Menschen Hände gegeben.«

(Peter Neururer zu einem Handelfmeter gegen Bochum)

»Als das **Gummiband-Training** im Fernsehen kam, habe ich mich gefragt, ob wir den 1. April haben.«

(Hermann Gerland zu den Trainingsmethoden von Jürgen Klinsmann)

»Das geht nun seit Jahren so: Wenn ich höre, dass **neue Impulse** kommen sollen, weiß ich immer schon, dass ich zu gehen habe.«

(Jürgen Gelsdorf zum Thema Trainerkarussell)

BRIEF DER WOCHE

● Zur Bundesliga-Lizenz

Tip für Bochum: Kauft doch Ruud Gullit . . .

Als Fan des VfL Bochum schlage ich vor: Wir kaufen uns aus Italien die Super-Stars Ruud Gullit, Marco van Basten (beide AC Mailand), Careca (Neapel) und Stefan Effenberg (AC Florenz). Zwar haben wir dann ein paar Millionen Mark Schulden, aber die können wir ja mit gefälschten Unterlagen leicht vertuschen.

Christian Kerl, Dortmund

»Wer jetzt noch träumt, ist ein **Träumer**.«

(Friedhelm Funkel)

»Wir holen unsere Leute aus dem **Sauerland**. Das ist unspektakulär. Aber es geht.«

(Bernard Dietz)

Bochumer Torjäger Eversberg wurde auf Torhunger untersucht

Möchten Sie zu den Erfolgreichen gehören?

Vom Tabellenende der Verbandsliga (1963) zum Mittelfeld der Bundesliga (1973)
und das in nur 10 Jahren!

Dazu 1968 Pokalendspiel, 1969 Deutscher Jugendmeister, 1970 und 1971 Westdeutscher Meister.

ann greifen Sie zu! Werden Sie Mitglied! it fünf Mark sind Sie dabei!

itrittserklärung

Verein für Leibesübungen Bochum 1848, llgemeinschaft e.V.

Beruf

Straße Nr

Geburtsort

Passiv

ben bei den Heimspielen besondere Vergünstigungen auf die Eintrittspreise. onatlich.

19

Unterschrift

Bei Minderjährigen Unterschrift des gesetzl. Vertreters

Frank Heinemann

Bei der Partie des VfL Bochum gegen Borussia Dortmund in der Saison 2004/05 (2:2) geht es am vierten Spieltag tüchtig zur Sache. Eine hochklassige Bundesligabegegnung mit vielen hitzigen Momenten. Für Bochums Co-Trainer **Frank Heinemann** sogar mit einem Moment zu viel. Denn als BVB-Profi David Odonkor den Bochumer Stürmer Peter Madsen direkt vor seinen Augen unsanft von den Beinen holt, stürmt Heinemann aufs Spielfeld und schubst Odonkor beiseite. Schiedsrichter Herbert Fandel ist sofort zur Stelle und droht dem Bochumer mit einem Vermerk im Spielberichtsbogen. Nach der Partie geht der VfL-Co-Trainer deshalb noch einmal in die Kabine des Schiris und rechtfertigt sich für das Geschehene – auf seine Weise: **»Ich wollte dem David doch nur einen Flecken vom Trikot wischen.«** Eigenartigerweise verzichtet Fandel schließlich auf den Eintrag.

»Ich kann meiner Mannschaft keinen Vorwurf machen. Höchstens dem Platzwart. Der soll beim nächsten Mal die **Torpfosten** versetzen.«

(Peter Neururer nach einer 0:1-Heimniederlage, bei der sein Team dreimal den Pfosten getroffen hatte)

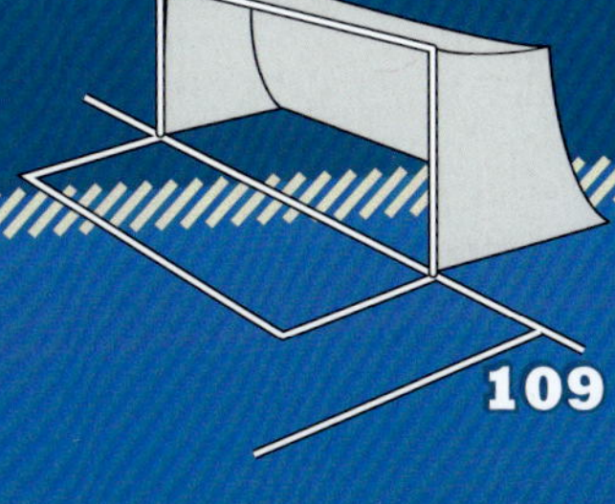

Peter Neururers sprachliche Auftritte als Donald Duck sind legendär. Was aber kaum einer weiß: Die Nummer hat er auch einmal als Trainer vor einem Spiel seines VfL gegen den großen FC Bayern München in der Kabine gemacht. Einfache Begründung des Trainers: Er wollte seinen Spielern die Nervosität nehmen. Anschließend hat er damals vor dieser Partie in der Kabine noch gesagt:

»Wenn wir heute in der 89. Minute das 1:0 schießen, müssen wir als VfL Bochum das Selbstbewusstsein haben, nicht groß zu jubeln.« Als Peter Madsen an diesem denkwürdigen Tag bereits nach wenigen Minuten das erste Tor für den VfL schießt, geht er locker-lässig, ohne zu jubeln, zur Mittellinie. **»An der Seitenlinie hat der Uli Hoeneß getobt«**, erinnert sich Neururer. **»Der hat geglaubt, wir hätten es jetzt nicht einmal mehr nötig, uns bei einem Tor gegen die Bayern zu freuen.«** Dabei hat Peter Madsen seinen Trainer einfach nur nicht richtig verstanden. Vielleicht war er auch noch etwas von Donald Duck abgelenkt. Sei es, wie es sei. Das Endergebnis lautete 1:0.

»Der **VfL Bochum** ist heute für Leute im Ruhrgebiet die Alternative zu Größenwahn, die Alternative zu Herzlosigkeit, die Alternative zu Verschwendungssucht. Der VfL Bochum ist heute für einen Fan ein Verein, der selten gewinnt, aber der sich deshalb über Siege noch ganz besonders freuen kann!«

(Radiokommentator Günther Pohl im Jahre 2004)

»Ich bin **vollblutiger** Profi.«

(Miroslav Stevic)

»Er hat eigentlich alles, was ein guter Stürmer braucht. Er könnte nur **10 Zentimeter** größer sein. Aber das wird wohl nichts mehr.«

(Rein van Duijnhoven über Thomas Christiansen)

»Man trifft immer nur dann ins Tor, wenn man auf die Bude schießt.«

(Präsident Werner Altegoer)

»Sind Sie BVB-Fan?«

(Frage eines Bochumer Richters, bei dem ein Angeklagter erzählt hatte, er habe viele Feinde in Bochum)

Am vierten Spieltag der Saison 1974/75 bei der Partie VfL Bochum gegen den FC Schalke 04 (2:1) spielt sich vor 29.800 Zuschauern auf der Baustelle Ruhrstadion eine lustige Geschichte ab. VfL-Torjäger Jupp Kaczor erinnert sich: **»Wir hatten nach der Halbzeit Anstoß, ich krieg den Ball zugespielt, und auf einmal ein Aufschrei im Stadion, als wenn ich ein Tor gemacht hätte. Ich hab gedacht, die freuen sich, weil ich den Ball gut gestoppt hab. Ich spielte den Knicker weiter, und da sah ich aus den Augenwinkeln, wie der Nigbur aufs Feld gerannt kam und in sein Tor hetzte. Hinterher haben wir erfahren, dass sie ihn in der Toilette eingeschlossen hatten.«** Und VfL-Torwart Bradler ist der Einzige, der weiß, wie es dazu kommen konnte: **»Beim Verlassen der Kabine nach der Halbzeitpause kam ich als einer der Letzten an der Kabine von Schalke vorbei. In der Kabinentür steckte der Schlüssel von außen. Im Vorbeigehen schloss ich die Tür kurzerhand ab. Ich weiß auch nicht, welcher Teufel mich da wieder geritten hatte. Als der Schiedsrichter dann zur zweiten Halbzeit anpfeifen wollte, großes Geschrei auf Schalker Seite. Der Schalker Torwart Norbert Nigbur war noch nicht da! Den hatte ich in der Kabine eingeschlossen.«**

»**Entweder** schaffe ich die Mannschaft **oder** die mich.«

(Bernard Dietz)

»Meine Nase wird der von **Steffi Graf** immer ähnlicher.«

(Miroslav Stevic, nachdem er einen Nasenbeinbruch erlitten hatte und eine Woche später erneut einen Schlag auf die Nase bekam)

»Herr Trainer, für mich ist schon an diesem Samstag **Weihnachten**.«

(VfL Bochums Amateurspieler Luciano Velardi, den Trainer Peter Neururer für das Heimspiel gegen 1860 München in den Profi-Kader berief)

»Die zweite Liga ist eine **Schweine**liga. Da wird nur getreten. Darauf habe ich keine Lust.«

(Delron Buckley)

»**Erfolg** tut nur der haben, der hart arbeiten tut.«

(Klaus Toppmöller)

Auf dem steinigen Weg zurück in die Bundesliga gibt Trainer **Ennatz Dietz** Anfang Dezember 2001 freiwillig auf. Viele erklären ihn für verrückt, fragen, warum er sich nicht wie alle anderen habe feuern lassen, um die Abfindung zu kassieren – doch Dietz antwortet nur: **»Das kann ich nicht. Ich habe von meinen Eltern gelernt: Wenn ich etwas bekomme, muss ich etwas zurückgeben.«**

Peter Peschel geht auf Nummer sicher. Er hat sich nicht ohne Grund seinen Mannschaftskollegen Martin Meichelbeck als Zimmergenossen gewählt: **»Martin hat seinen Zivildienst im Krankenhaus absolviert. Neulich hatte ich mal heftiges Herzrasen, da hat er mich gleich durchgecheckt.«**

Peter Peschel mit Freundin Magdalena Brzeska

»Was sollen wir über den **Schiedsrichter** reden, wir waren auch **nicht besser**.«

(Thomas Ernst)

»Wir hätten nach **14 Minuten** das Ergebnis unterschreiben und nach Hause fahren sollen.«

(Peter Neururer nach einer Niederlage)

»Ich wollte eigentlich einen **Eilantrag** beim DFB einreichen, so dass ich in der Pause **acht Spieler auswechseln** kann.«

(Peter Neururer nach einem schlechten Spiel)

Bochum verliert in der Saison 1973/74 1:0 im heimischen Ruhrstadion gegen den FC Bayern München, und Schiri Redelfs übersieht in der 67. Minute ein klares Handspiel von Schwarzenbeck. VfL-Stürmer Hannes Walitza schimpft: **»Ein offensichtlicheres Handspiel kann es doch gar nicht geben. Schwarzenbeck ist doch wie ein Volleyballspieler mit der Hand zum Ball gegangen.«** Bochums Trainer Heinz Höher: **»Ich sage grundsätzlich nichts gegen Schiedsrichter. Ich finde aber, alle drei Torhüter auf dem Platz waren ausgezeichnet.«** Schiri Redelfs: **»Ich habe die Situation klar übersehen. Das war kein absichtliches Handspiel!«** Diese Aussage bringt den ansonsten immer sehr ruhigen Zeitgenossen, VfL-Torhüter Werner Scholz, endgültig auf die Palme: **»Wenn er nichts gesehen hätte, wäre seine Entscheidung trotz allem vertretbar gewesen. Aber wenn er sagt, dass kein absichtliches Handspiel vorgelegen habe, dann bin ich einfach sprachlos.«** Redelfs schiebt erklärend hinterher: **»Schwarzenbeck hat sein Gleichgewicht verloren!«**

BU sdifh sdfhds fohdfoh dsof

Der Angler und der Fisch: Erwin Höffken (stehend) und Hans Walitza bei der Vertragsunterzeichnung.

„Der König mit nackter Brust" — Torschützenkönig Walitza nach der Siegerehrung, bei der ihm das Hemd vom Leib gerissen wurde.

Starschnitt ………………… Klaus Toppmöller

Radiokommentator **Günther Pohl** erinnert sich an **die gemeinsame Nacht** mit VfL-Trainer **Klaus Toppmöller** nach dem berauschenden Einzug in die nächste UEFA-Cup-Runde im Heimspiel gegen Trabzonspor (5:3): **»Da ist dann eben ein Toppmöller, der ja auch in Rivenich eine Kneipe hat, Mensch. Der lässt dann auch mal fünfe gerade sein und so ging es dann anschließend direkt vom Stadion aus ins Sam's. Ja, und dann wurde es morgens hell, alle hatten Hunger, da sag ich: Bei mir macht morgens um sechs der Metzger auf. Und da wurde dann gefrühstückt, mit Rühreiern, Frikadellen und Brötchen. Alle in der Küche mit 'ner richtigen Metzgersfrau, die das alles gemacht hat. Und dann kamen die Müllmänner, die jeden Morgen da frühstücken und die zum Teil auch im Stadion waren. Plötzlich sagt der Trainer beim Blick auf die Uhr: ›Ja, Mensch, wir müssen 'nen Taxi haben – zum Stadion.‹ Da haben die Müllmänner gesagt: Quatsch. Und so standen kurz danach hinten auf dem Müllwagen Co-Trainer und Trainer. Zumdick, Heinemann standen hinten auf dem Brett und sind zum Stadion gebracht worden.«**

»Sonst müsste ich ja nach **zwei Bieren** immer gehen.«

(Klaus Toppmöllers Begründung, warum er auch als bekannter Profifußballer kein Vorbild sein möchte)

»Aus der **Ferne** betrachtet, ist es alles nur eine Frage der **Distanz**.«

»Ich habe viel in Bochum gearbeitet. Da konnte ich mir **nur einen Anzug** leisten.«

(Auf die Frage, warum er seit elf Spielen immer den gleichen Anzug trägt)

»Andere Leute haben rote und weiße **Blutkörperchen**, ich habe lauter kleine Fußbällchen im Blut.«

»Durch unsere Reihen konnte man locker mit einem Lkw fahren und bequem drehen.«

(Über das Abwehrverhalten seiner Mannschaft)

»Ich wäre als aktiver Spieler sogar mit einem **Holzbein** aufgelaufen.«

(Zur Motivation von Fußballern)

Hans-Jürgen Bradler mit seinem BMW 2002 (Juni 1972)

Beim Aufsteiger aus Bochum steht **Hans-Jürgen Bradler** zwischen den Pfosten. An und für sich ein sicherer Schlussmann – der jedoch eine kleine Sehschwäche hat. Hier und da, meint ein Bochumer Journalist, greife der Reservetorwart des deutschen Olympiateams von 1972 wegen der schlechten Augen doch noch etwas unglücklich daneben. Der Mann von der Zeitung schlägt deshalb in einem Kommentar vor, **Bradler solle lieber mit Bällen spielen, in denen eine Glocke eingebaut ist. Immer wenn es bimmle, solle Bradler springen.** Der VfL-Keeper reagiert verständlicherweise etwas pikiert.

»Ich tippe mal auf ein langweiliges **5:5**.«

(Peter Neururer)

»Wenn ich so sehe, welchen Zirkus ein **Stefan Effenberg** oder **Mario Basler** um die eigene Person veranstalten, wird mir schwindlig. Früher hätten wir die im Training ein paar Mal richtig weggegrätscht – **dann wäre Ruhe gewesen!**«

(Bernard Dietz)

Am 32. Spieltag der Saison 1974/75 treffen der FC Bayern München und der VfL Bochum im Olympiastadion aufeinander. Anpfiff ist wie immer um 15:30 Uhr, doch der VfL landet erst um 14:15 Uhr auf dem Flughafen München-Riem. **Trotz eines Polizei-Geleitschutzes stehen zum Anpfiff nur neun Spieler auf dem Rasen, von denen sich zwei noch die Schuhe zubinden müssen.** **Trotzdem geht der VfL nach acht Minuten sogar in Führung.** Am Ende heißt es aber erwartungsgemäß 5:1 für den großen FC Bayern.

Maurizio Gaudino als Rennfahrer auf dem Nürburgring (Juni 1998)

»Wenn ich gewusst hätte, wie viele Sprachen ich in meiner Karriere benötige, wäre ich in der Schule fleißiger gewesen, hätte Abitur gemacht und wäre **Dolmetscher** geworden.«

(Maurizio Gaudino)

»Der VfL Bochum könnte in der **Schweiz** um den Titel mitspielen.«

(Ottmar Hitzfeld im Jahr 1995, als der VfL gerade auf dem 17. Tabellenplatz stand)

Starschnitt ....

Peter Neururer

»Wenn ich auf dem Platz stehe, könnte mich sogar meine Frau **verlassen**.«

»In diesem **Beruf** komme ich mir nicht selten vor, als würde mir jemand dauernd mit einer Pfanne von vorn, von hinten, von oben auf den Kopf schlagen.«

»Ich habe früher auch die großen **Philosophen** gelesen. Doch dann habe ich gemerkt, dass die von meinem normalen Denken absolut abweichen. Jetzt lese ich nur noch **Fußballfachbücher**.«

»Und wenn sie mich mit Kohle zuschütten: Man kann mich bezahlen, aber **man kann mich nicht kaufen**.«

»Die Droge Bundesliga fasziniert mich – und sie finanziert mich.«

»Warm gemacht hab ich mich wie **Maradona**, aber gespielt hab ich wie Katsche Schwarzenbeck. Nach den heutigen Regeln hätte ich damals schon beim Aufwärmen eine **Gelbe Karte** gekriegt.«

(Auf die Frage, was er für ein Fußballertyp gewesen sei)

»**Wie viel Zeit haben Sie …?** Ich brauche mindestens eine Stunde …«, antwortete Peter Neururer auf die Frage eines Journalisten, der es wagte, den Bochumer Trainer nach den von ihm erwähnten »positiven Dingen« der Saison zu befragen. Der VfL war nur knapp dem Abstieg entgangen.

»Wenn der **Neururer** was erzählt, meine ich, ich wäre auf einem Ärztekongress, solche Worte gebraucht der!«

(Hans Walitza)

AUTOGRAMME gab der Kapitän des frisch gebackenen Westmeisters, Hans Walitza, gestern in der Bochumer Commerzbank, wo auch die Erinnerungsmedaille (in reinem Silber) zur Westdeutschen Meisterschaft verkauft wird. Während Vater die Medaille erwarb, holten sich die „Steppkes" ihr Autogramm.

»Wenn ich der schwarze **Chuck Norris** bin, dann ist Peter Neururer der weiße Hans Sarpei.«

(Hans Sarpei)

»**Bochum** sollte den Antrag stellen, das Ruhrgebiet in **Neururergebiet** umzubenennen.«

(Michael Meier, nachdem Bochum mit Trainer Peter Neururer nacheinander Schalke und Dortmund geschlagen hatte)

»Wir dürfen nicht mehr Tore kassieren, als der Gegner schießt.«

(Friedhelm Funkel)

»Ich möchte gern einen Sohn, aber dazu muss ich erst noch ein Tor bei meiner Frau machen. Das ist nicht so einfach wie in der Bundesliga.«

(Thomas Christiansen)

»**Sieger** waren mir aber immer schon langweiliger als jene, die interessant zu scheitern wissen. Deshalb finde ich es auch besonders cool, Anhänger des VfL Bochum zu sein, weil es im Grunde haltlos uncool ist.«

(Autor und Journalist Christoph Biermann)

Christoph Metzelder erzählte einmal in kleiner Runde, dass der VfL ihn zu seiner Zeit bei Real Madrid zurück nach Deutschland lotsen wollte: **»Da sind Bochums Manager und Trainer extra zu mir nach Spanien geflogen.«** Als ein Mann am Tisch erstaunt fragt, was denn die beiden in der Hinterhand hatten (finanziell), antwortet Metzelder mit einem Lächeln: **»Nichts!«**

Bochums Barde **Herbert Grönemeyer** besucht im Oktober 2006 seinen Verein im Ruhrstadion. Stolz wird Herbert vor dem Spiel auf dem Rasen von Manager Stefan Kuntz dem Publikum präsentiert. Der Musiker bekommt ein Trikot mit seiner Mitgliedsnummer 4630 (alte Bochumer Postleitzahl & gleichzeitig Titel seines 1984 erschienenen Erfolgsalbums) und intoniert gemeinsam mit den VfL-Fans die inoffizielle Vereinshymne »Bochum«. Der Song läuft seit 1992 vor jedem Spiel des VfL im Ruhrstadion. An diesem Tag singen die blau-weiß gestimmten Besucher unter den 31.328 Zuschauern besonders inbrünstig die Textzeile: **»Machst mit dem Doppelpass jeden Gegner nass, du und dein VfL! Bochum, ich komm aus dir …«.** Aber es hilft alles nichts. Ganz im Gegenteil. Der SV Werder Bremen lässt sich von Herbert Grönemeyer und dem Chor der tausend Kehlen nicht imponieren. Der VfL kassiert an diesem Nachmittag eine empfindliche Klatsche. 0:6 heißt es am Ende. Der beliebte Bochumer Barde soll danach viele Jahre keine Partie seines VfL im Ruhrstadion mehr besucht haben.

»Ich bin nicht am **Autobahnkreuz Bochum** vorbeigefahren und habe eine Gänsehaut gekriegt.«

(Andreas Bergmann bei seiner Vorstellung als neuer Trainer beim VfL Bochum auf die Frage, ob Bochum was ganz Besonderes für ihn sei)

21.7.1979: Bochums OB Eikelbeck spielt den ersten Ball.

»**Wattenscheid** verliert am Freitag, der VfL am Samstag.«

(Bochums OB Heinz Eikelbeck über den Unterschied der beiden Vereine)

»Zum Glück habe ich nur eine Struktur.«

(Thorsten Legat nach einem Verdacht auf Beinbruch)

»**Zwei** Chancen, **ein** Tor – das nenne ich **hundertprozentige** Chancenauswertung.«

(Roland Wohlfarth)

»Es gibt halt diese **Seuchentage**, an denen man lieber im Bett bleiben sollte. Aber leider hatte der DFB ein Spiel angesetzt.«

(Peter Neururer)

Zusammen mit Trainer **Heinz Höher** geht Journalist Heinz Formann gerne bei Auswärtsspielen in die Spielbank. Verabredeter Code zwischen den beiden vor der Abfahrt aus Bochum ist die Frage: **»Nimmst du deine Krawatte mit?«** Und als sie eines Tages in Berlin spielen, klappt es eine Nacht lang richtig gut. Sie gewinnen und gewinnen und gehen am Ende mit vollen Taschen aus der Spielbank. Bei der morgendlichen Rückkehr ist es allerdings mit dem Strahlen im Gesicht der beiden VfLer vorbei, wie sich Formann erinnert: **»Wenn du aber um vier Uhr morgens zum Hotel kommst und deine Frau ist wach, gibt es nur eine Möglichkeit, die ich von Jürgen Köper gelernt habe: Ich habe ihr all die munteren Scheine gegeben und sagte: Jetzt musst du schweigen!«**

Heinz Höher mit Familie

Der Bochumer Schauspieler **Armin Rohde** soll sich laut eigener Aussage geweigert haben, als Schalker in der Vorabendserie »Auf Achse« zu agieren: **»Ich kann doch in Bochum nicht als Schalke-Anhänger herumlaufen!«** Tja, da muss am Ende wohl was schiefgelaufen sein, wie man auf dem Bild sieht!

Fansätze

»Hätte ich nicht meinen **Hund**, ich hätte mich schon lange erschossen!«

(VfL-Fan direkt am Stadion, als der Verein auf den 18. Tabellenplatz der zweiten Liga abgerutscht war)

»Wir steigen auf, wir steigen ab, und zwischendurch **UEFA-Cup!**«

(Fangesang)

»Ich wollte einfach nur **graue Maus** sein.«

(User »10hagen« ernüchtert in einem Forum des VfL Bochum)

»Wenn ich jetzt zu Hause wäre, würde ich erst einmal schön onanieren!«

(Fan bei einem Heimsieg des VfL)

»Ker, wat nützen dem Epalle seine dicken Oberschenkel, wenn da nichts bei rumkommt. Dat is, wie wennse nen langen Dödel hast und kriegst das Ding nicht steif!«

(Zuschauer im Stadion)

»Ey, hau bloß ab, das ist mein Revier.«

Ein Pfandflaschensucher am Stadion, der in einer kleinen Ecke Bierflaschen der VfL-Fans sammelte und einen Rivalen verscheuchte.

VfL-Stürmer **Jürgen Köper** wird am 5. Februar 1977 in der Partie des VfL beim MSV Duisburg (0:0) sehr schwer verletzt. Das große Talent des VfL erinnert sich noch genau an diesen Moment: **»Es war im Duisburger Stadion, als Pirsig und ich in einen Zweikampf gingen. Es kam zu einem Pressschlag, bei dem ich ein Knacken hörte. Mir war sofort klar, dass einem von uns beiden etwas passiert sein musste. Als Pirsig aufstand, konnte es folglich nur mich getroffen haben!«**

Den Mund sehr voll nimmt Trainer Heinz Höher vom VfL Bochum: **»Wir werden nicht absteigen. Ja, wenn wir im nächsten Jahr das an Glück erhalten, was uns momentan an Widerwärtigkeiten vorgesetzt wird, werden wir sogar Deutscher Meister!«**

Das erste Wort von **Thomas Stickroth** war, nach eigenem Bekunden, nicht Mama oder Papa, sondern Ball.

»Die **Katze** zieht 'ne Fratze.«

(TV-Kommentator Markus Höhner über Ralf Zumdick)

PINNWAND

In einer **sportlichen Situation** wie der augenblicklichen, in der die Bundesliga-Elf des VfL steckt, halten sich Negativ-Kommentare mit aufmunternden Worten und Zusprüchen die Waage. **Karl-Heinz Gerstemeier,** VfL-Fan aus Taunusstein, schrieb ein Gedicht, „zur seelischen Erbauung", wie er sich in seinem netten Brief ausdrückte.

Hier der Text:

Mein lieber VAU-EF-EL

Ich grüß Dich aus der Ferne,
mein lieber VAU-EF-EL,
heut' schreibe ich Dir gerne,
was Dich eventuell
beflügelt und beschwingt
und Dir im nächsten Spiel
ein Plus an Punkten bringt.

Ich will nicht kritisieren,
mein lieber VAU-EF-EL,
ich möchte nur fixieren,
was stets ist aktuell:
Blick nicht zurück im Zorn,
bleib locker und besonnen,
blick hoffnungsvoll nach vorn.

Noch schwimmen Deine Felle,
mein lieber VAU-EF-EL,
nicht auf der Abstiegswelle,
drum gilt ganz generell:
Bleib cool und selbstbewußt,
die Wende kommt bestimmt
und fegt hinweg den Frust.

Laß uns nicht länger schmoren,
mein lieber VAU-EF-EL,
beglück uns Fans mit Toren
im nächsten Punktduell.
Spiel klug und auch mit Kraft –
dem Abstieg zu entrinnen,
hast Du schon oft geschafft.

Ich grüße Dich von weitem
und schwenke meinen Hut.
Bald kommen bessere Zeiten,
spiel weiter frohgemut
und auch professionell,
dann wirst Du sicher siegen,
mein lieber VAU-EF-EL.

Das wünscht Dir hier – jahraus jahrein,
Dein Bochum-Fan aus Taunusstein
(Karl-Heinz Gerstemeier)

Großer Beliebtheit erfreut sich d
VfL-Express. Rund **15.00**
Exemplare werden bereits m
wochs vor den Samstags-Hei
spielen des VfL in Bochum u
Umgebung verteilt, der Rest
Spieltag. Das Interesse auch
auswärtigen VfL-Fans ist groß.

Mittlerweile ist der Mann eine Legende. Was viele aber nicht wissen: **Mambo Kurts** erster Auftritt hatte mit dem VfL zu tun, wie er selbst mal erzählte: »Der erste Einsatz war auf dem Dilettantenfestival im Bahnhof Langendreer mit den Vfoul-Leuten. Da habe ich **›Musik ist Trumpf‹** und **›Sunshine of my Life‹** gespielt. Wie ihr euch erinnern könnt, bin ich mit Bierflaschen beworfen worden. Die Leute waren scheiße, und wir waren gut. Wir spielten zwei Lieder: **›Zurück in die zweite Liga‹** und **›Deutscher Meister wird nie der VfL‹.** Sollten wir als Bootleg noch mal rausbringen.«

● In der letzten SPORT-BILD-Ausgabe haben wir gefragt: Welche Bayern-Spieler stecken dahinter? Heute wird das Geheimnis gelüftet. Der Nikolaus ist Effenberg, Knecht Ruprecht ist Bender.

essierten italienischen Amateurverein fand nie statt. Sascha sitzt jetzt daheim in Ditzingen und wartet auf Angebote.

Nikolajewicz

besitzt in se… Voerde (am … Fitneßstudio … fenen Tür lie… dort seine Mu… Gage? Kemp… muß doch froh… Kapitän traini…

Bochum ist eben ein Schlager . . .

Bochums Plattenhülle: A-Seite (r.) und B-Seite

● Jetzt hat auch der VfL Bochum seine eigene Vereinshymne. Musiker Günther Janssen singt unter dem Pseudonym „Sammy Pochstein Experience" den Titel „Deutscher Meister wird *nie* der VfL". Pochstein machte in den siebziger Jahren 102 Bundesliga-Spiele (sechs Tore) für Bochum. Auf der B-Seite grölt die „Jochen Abel Band" den Song „Deutscher Meister wird *nur* der VfL". Stürmer Abel schoß in der Bundesliga 60 Tore (144 Spiele) für den VfL. Hintergrund-Chor: die Stimme der Osttribüne. Die Scheibe ist jetzt im Schallplattenhandel erhältlich.

Kapitän Kempe (u.) und Kollege Legat (r.)

KOMMENTAR

Ristic – wenn die Braut einen anderen liebt . . .

Was macht die Frau des Hauses, wenn ihr kleines Herz beim Anblick des Hausfreundes viel schneller schlägt als beim eigenen …

davongelaufenen Dame auch noch das neue Leben mit dem Neuen zu finanzieren. …

(Eichberg) läßt. Dabei der Nebenbuhler sogar klärt, ab sofort für de…

Das **»Sammy Pochstein Experience«** hat einen Song mit dem despektierlichen Titel **»Deutscher Meister wird nie der VfL«** aufgenommen. Und niemand anderes als der heutige Autor wunderbarer Fußballbücher, Christoph Biermann, leiht diesem Projekt seine Stimme. Stakkatoartig hangelt sich der VfL-Fan durch eingängige Textzeilen wie diese: **»Grad 8.000 sind im Stadion, pfeifen frierend durch die Nacht. Ohne Hoffnung, wie so häufig und von Freunden ausgelacht. Wieder mal 'ne schwere Zeit mit Abstiegskampf ist angesagt, doch daran sind wir gewöhnt, und so singen alle Mann: Deutscher Meister wird nie der VfL ...«**

»**Rassismus** ist bei uns nicht mal denkbar, nicht mal im Spaß. Wenn so was in meiner Gegenwart fallen würde, dann gäbe es nur eins: Der wird direkt gefeuert. Ob das ein Leistungsträger ist oder irgendein Abspritzer im siebten Glied.«

(Peter Neururer über den Fall Sunday Oliseh, der seinem Mitspieler Vahid Hashemian einen Kopfstoß verpasste)

»Wenn das so weitergeht, dann können wir mit **zwei Pkw** zum VfB Stuttgart fahren.«

(Klaus Toppmöller über Verletzungssorgen)

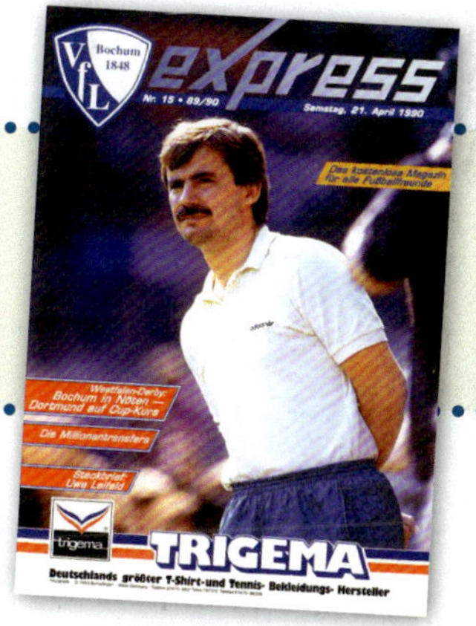

»Auf die **Einstellung** kommt es an, nicht auf die **Aufstellung**.«

(Reinhard Saftig)

COCKTAIL

Ruhrnachrichten liefern Krimi-Stoff: 8 Wegmann-"Tote"

Torjäger-Liste

1. Yeboah (Eintracht Frankfurt), Walter (VfB Stuttgart) 10 Tore, 3. Rufer (Werder Bremen), Chapuisat (Borussia Dortmund), Witeczek (1. FC Kaiserslautern), Krieg (Karlsruher SC), Kirsten, Thom (beide Bayer Leverkusen) 9 Tore, 9. Wegmann (VfL Bochum) 8 Tore

Schampus für die Gewinner des Express-Ratespiels

Die rauschende Champagner-Fete kann steigen — vorausgesetzt, daß man "Schampus" im Hause hat. Einen Grund, ein schönes Fläschchen zu öffnen, muß wohl keiner suchen. Man soll ja die Feste bekanntlich feiern wie sie fallen.

Zwei VfL-Fans können sich schon auf ein solch edles Tröpfchen freuen: Jene nämlich, die sich noch im alten Jahr durch Teilnahme am beliebten Baby-Ratespiel des VfL Express die Chance gesichert haben, eine der beiden Flaschen zu gewinnen, die **Helmut Wiecherek**, der Chef des **Restaurants "Haus Oekey"** an der Ecke Unistraße/Auf dem alten Kamp "in die Kolonne geworfen" hat.

Interessanterweise gab es bei diesem Ratespiel nicht eine einzige falsche Einsendung. Alle haben richtig geraten, daß Ex-VfL-Geschäftsführer Detlef Romeiko der flotte Tänzer auf unserem Rate-Bild war.

Die beiden Flaschen Schampus haben gewonnen Klaus-**Dieter Kiene** von der Alsenstraße 56 in Bochum und die Hattingerin **Anja Buttgereit** von der Schulstraße 56b.

Die Magnumflasche Beaujolais geht an den glücklichen Gewinner **Hans-Dieter Göttlich**, dem dieser edle Tropfen ganz sicher auch göttlich munden wird.

Und all jenen, denen jetzt der Mund wässrig geworden ist, rufen wir zu: "Beteiligt Euch am Ratespiel — nur dann könnt Ihr gewinnen.

Die Gewinner können ihre Preise in der Geschäftsstelle abholen. Ausweis vorlegen!

Hoffentlich keine Zitterpartie auf der Bank: Trainer Jürgen Gelsdorf und Manager Klaus Hilpert wollen ihr Team heute abend siegen sehen. Die beiden kommen blendend miteinander aus. **Foto: Gebel**

Schmiddi und Pummel grüßen aus dem sonnigen Thailand

Aus dem sonnigen Thailand grüßen die VfL-Fans "Schmiddi" und "Pummel" (Foto unten) nun schon zum zweitenmal. Wie sie berichten, gibt es im fernen Osten schon einige VfL-Fans — und die glauben alle, daß der VfL niemals absteigt. "Jürgen Gelsdorf, Kopf hoch," schreiben die beiden. Gegen Gladbach wollen sie wieder im Lande sein.

VfL 15 Express

»Wie der nach Siegen auf dem Platz **herumspringt** und die Spieler **umarmt** – lächerlich. **Gewinnen** ist doch unser Job, oder?«

(Timo Konietzka über Jürgen Gelsdorf)

Starschnitt ....

Rein van Duijnhoven

Wie Torwart-Legende Rein van Duijnhoven zum VfL kam, erzählt er selbst am Schönsten:

»Hilpert, der Manager, hatte einen Anwalt, der nebenbei ein bisschen Spielerberater war. Die beiden waren für Privatgeschäfte im Büro und Hilpert wollte eigentlich gehen. Da hat ihn der Anwalt gefragt: **›Brauchst du noch was?‹** Hat der Hilpert gesagt: **›Ich brauche einen neuen Torwart!‹ ›Ja‹,** meinte der Anwalt, **›so einen habe ich noch. Er ist in Holland der zweite Mann hinter van der Sar.‹** Dann hat es Knack gemacht, Termine, Angebot gemacht, kurz gesprochen, Dreijahresvertrag mit Option für noch zwei Jahre. Und jetzt sind es sieben geworden. Also, keiner hat mich gesehen – keine Minute. Manchmal hat man auch Glück, ne?!«

»Wenn wir jetzt noch absteigen, gebe ich meinen Vertrag zurück und höre auf zu spielen.«

(Nachdem der VfL Bochum am 20. Spieltag 33 Punkte auf dem Konto hatte und auf Platz fünf stand)

»Ich habe überhaupt **kein Talent** dazu. Zumindest nicht für die weiten Schläge. Da brauchen wir eigentlich einen **Suchhund**.«

(Über seine Versuche als Golfspieler)

Ein VfL-Spieler über **Peter Neururer**:

»Der holt dich zu sich und erzählt dir eine halbe Stunde lang, was für ein überragender Fußballer du bist. **Stärken ohne Ende hättest du.** Wenn das so weitergeht, und er wüsste bei bestem Willen keinen Grund, warum nicht, sei die Nationalmannschaft nur noch eine Frage von Stunden, maximal Tagen. Du gehst von ihm weg und glaubst tatsächlich, dass du **einer der ganz Großen** bist – im deutschen Fußball ohnehin und eigentlich auch im Weltfußball. In dem Bewusstsein spielst du dann in den kommenden Wochen. Bis zu dem Tag, an dem du dich zu wundern beginnst, warum eigentlich noch nicht **Real Madrid** oder wenigstens der **FC Barcelona** bei dir angerufen hat. Ab diesem Moment fängst du an nachzudenken. Stimmt das eigentlich, was der Coach da über dich gesagt hat? Bist du wirklich so ein überragender Fußballer? Und kaum, dass du dich versiehst, zweifelst du unbewusst an den Worten deines Trainers. **Und irgendwann ist es dann vorbei!**«

»Meine Frau hat irgendwann einen **hässlichen Vogel** kennen- und lieben gelernt und sogar geheiratet. Meine Kinder lachen mich zwar aus, aber sie kann damit leben. Mir ist egal, wie ich aussehe. Ich bin kein Dressman für Zwischengrößen, sondern Trainer vom VfL Bochum.«

(Peter Neururer)

»Der Sieg war hoch verdient. Dabei haben wir noch nicht einmal Beton angerührt.«

(Friedhelm Funkel)

»Ein **Bergmann** in Bochum, also mitten im Ruhrgebiet, das sollte passen.«

(Jörg Schmadtke, Sportdirektor bei Hannover 96, kommentiert den Wechsel seines Amateurtrainers Andreas Bergmann zum VfL Bochum.)

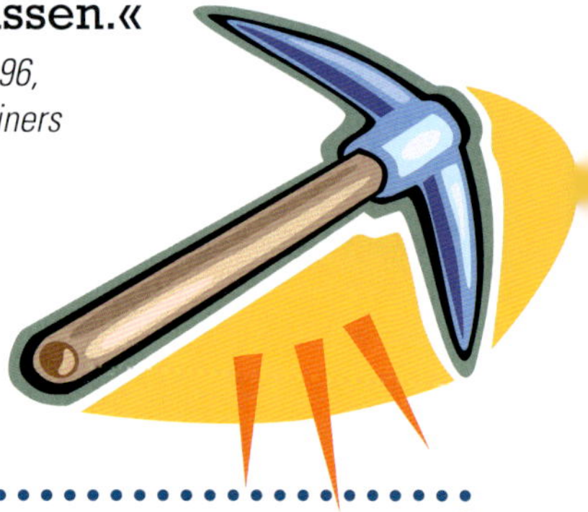

…, gesagt, gehört

…piel: …aputt

…salo, Nürnbergs …mannschaft nach …d und im Flugzeug … beim Fußball zog … Leistenzerrung zu …ert: um die 80 000 …putt. Sportdirektor …l verzichten. Vlado

Vlado Kasalo (links). Sein Mercedes blieb zur Reparatur in Zagreb

…echer

…ler ausspre- …k aus Berlin …ufgestellt:

Mit seinem Körper wirbt Legat demnächst für Bodybuilding

Fotos: Schreyer, Köpcke, Kettler, Muhlke, Hartmann, Kösegi

Legat: 10 000 Mark für die gute Figur

● Mit einer guten Figur kann man auch Geld machen. Bestes Beispiel: Bochums Mittelfeldspieler Thorsten Legat. Nach der SPORT-BILD-Geschichte über die Muskelmänner …

»Immer die **Castroper Straße** rauf.«

(Thorsten Legat im »aktuellen sportstudio« auf die Frage, wie er in jungen Jahren zum Bodybuilding gekommen sei)

»Die Lage ist bedrohlich, aber **nicht bedenklich**.«

(Friedhelm Funkel)

»Wer ständig oben steht, ist nur **zu feige** für den Abstiegskampf!«

(Spieltagsplakat 2010)

»Ich sehe alles, ich weiß alles, **ich erkenne alles**, ich kann jedem sagen, was er falsch macht.«

(Klaus Toppmöller)

Der VfL Bochum gewinnt in der Saison 1982/83 gegen Frankfurt mit 1:0 und kassiert dafür auch noch 50.000 Mark vom Eintracht-Vize **Wolfgang Zenker**. Unglaublich, aber wahr! Der Funktionär hat gegen die Bochumer Mannschaft, die 2.500 Mark einsetzte, diese stolze Summe geboten, wenn die Frankfurter den VfL nicht mit mindestens drei Treffern putzen würden – was dann ja nicht geschah. Kapitän **Dieter Bast** verkündet stolz: **»Das Geld stellen wir einem wohltätigen Zweck zur Verfügung. In der Nähe von Bochum ist ein Heim abgebrannt, dafür bestreiten wir demnächst ein Benefizspiel, und dort werden wir auch dieses Geld überreichen!«**

Starschnitt Thorsten Legat

»Außerdem plane ich eine Autobiografie, das wird ein Bestseller. **Wenn Effenberg das macht, kann ich das schon lange machen.** Da kommt die Wahrheit bei einigen Leuten ans Tageslicht – ich habe nichts mehr zu verlieren.«

»Nur die **Harten** kommen durch.«

(Meinte der Bochumer zu Journalisten, als er, mit sieben Stichen genäht, frisch aus dem Krankenhaus kam.)

Im März 1991 redet sich Bochums Thorsten Legat seinen Liebesfrust von der Seele. Seine Flamme Tanja habe ihn »wahnsinnig belastet«. Da sie selbst Fußball spiele, hätte sie ihn immer mit Fachfragen genervt. Und außerdem habe er viel zu spät gemerkt, dass »die erst 18 ist«. Voller Reue sei er jetzt zu seiner Nicol (ohne »e«) zurückgekehrt. **»Sie ist meine große Liebe«**, sagte Legat mit funkelnden Augen.

Sind wieder zusammen: Thorsten Legat lehnt sich in die Arme von Nicole

Thorsten Legat mit Freundin
Nicol Krawczyk vor dem
Bergbau-Museum (März 1991)

Peter und die Fans

»Labern ist Peter – siegen ist Gold.«

(Ein Transparent der Fans des VfL Bochum über ihren gesprächigen Trainer Neururer im Abstiegskampf)

»Wir haben den **Schnäuzer** voll!«

(Bochumer Fans auf einem Transparent, gegen Trainer Neururer gerichtet)

»Wenn ich darauf reagieren würde, müsste ich wie ein **Zitteraal** durch die Gegend laufen.«

(Peter Neururer auf die Frage, wie er mit Spekulationen über seine Entlassung umgehe)

»Heute bist du Denkmal, morgen bist du Grabmal.«

Der VfL Eintracht Bochum Frankfurt, oder so!

Die fünf Weisheiten des Hermann Gerland

1. »**Ruhe** habe ich später, wenn ich tot bin, noch genug.«

2. »Hätte, wenn und aber, alles nur blödes **Gelaber**!«

3. »Bevor man **untern Torf** kommt, macht man einiges mit im Leben.«

4. »Die **Pferde**, die sich anfangs sträuben und wehren, sind am Ende die besten. So ist es auch im Fußball. Die, die eckig und kantig sind, kannst du am besten gebrauchen.«

5. »Wenn man beim 5 gegen 2 keine **Freude** mehr hat, dann muss man mit dem Fußballspielen aufhören, dann muss man sich einen anderen Beruf suchen.«

Der VfL im TV!

In Bochum ist man sauer auf den Filmemacher **Lucas Maria Böhmer.** Sein Streifen »Fußball über alles« erzählt vom Alltag der Spielerfrauen in den 1980er Jahren – doch irgendwie hat Böhmer damit nicht den richtigen Nerv getroffen. Sabine Wilhelm, die Freundin von Stefan Kuntz, ist entsetzt: **»Wir wurden kräftig durch den Kakao gezogen, als einfältig hingestellt, als notwendiges Übel und Anhängsel der Profifußballer.«** Der »harte Hund« **Rolf Schafstall** zeigt sich vor den Kameras eines TV-Teams in heimischer Küchenatmosphäre überraschend handzahm: »Ich brauche einen sehr starken Background, würde ich mal sagen, durch meine Frau, die sehr gut zuhören kann.« Während die Gattin im Hintergrund fleißig den Abwasch macht, redet Schafstall im Vordergrund mit verschränkten Armen: »Meine Frau hat doch keine Probleme, mein Gott noch mal, die Probleme hab doch nur ich. Meine Frau hat doch Probleme, die lassen sich in fünf Sätzen ganz leicht abhandeln. **Das ist doch nicht viel! Für solche Probleme habe ich doch gar keine Zeit.«**

Dem gut gemeinten Vorschlag des Filmemachers **Böhmer**, die Damen doch mit ins Trainingslager zu nehmen (**»Da gibt es ein bisschen gemeinsame Zeit und auch ein schöneres Klima«**), kann Schafstall nicht wirklich etwas abgewinnen: **»Nein, ich mein', das ist überzogen. Wir haben da einen knallharten Job. Von uns wird etwas verlangt, wir müssen Punkte machen, müssen in der Tabelle etwas erreichen. Wir wollen in der Bundesliga, gerade wir, speziell der VfL Bochum, bleiben. Da sind dann alle anderen Dinge Nebensächlichkeiten. Frauen gehören eben an den heimischen Herd, dürfen zu Hause bleiben, und wir Männer wollen dann schon ganz gerne unter uns sein!«**

»Freunde, **Sport ist Arbeit** im Gewand jugendlicher Freude!«
(Peter Neururer zu Fans, mit denen er Gymnastikübungen machen sollte)

»Eine richtig schlaue Analyse fällt mir schwer. Ich bräuchte eine Stunde, um auf den Punkt zu kommen, **aber mein Abendessen steht um acht auf dem Tisch.**«

(Peter Neururer)

Hermann Gerland doziert in sentimentalen Gedanken versunken über die alten Zeiten: »Wenn ein Spieler bei uns vor dem Training in die Kabine kam, dann war es selbstverständlich, dass er die anderen mit Handschlag begrüßt und nicht nur irgendwelche Worte in die Runde geschleudert hat. Nach einer Niederlage konnten sich alle in die Augen sehen, weil jeder wusste, der andere hat alles gegeben. Und **nach jedem Sieg wurde im Bus oder in der Kabine gesungen**, das Bochumer Jungenlied.«

»Wäre es kälter gewesen, wäre vielleicht einer meiner Spieler am Boden festgefroren!«

(Peter Neururer)

Stefan Kuntz als Polizist (1983)

Stefan Kuntz über seinen Trainer **Rolf Schafstall:** »Das war ein echt harter Hund. Aber im Grunde hatte der auch was Soziales. Der hat allen Spielern erlaubt, selbst Vorschläge zu machen, wer uns als Mannschaft weiterhelfen könnte. Und so haben wir munter Bekannte und Familienangehörige zum Training mitgebracht. Einmal war dann auch ein Cousin von **Heinz Knüwe** da. Der schien allerdings nicht seinen besten Tag erwischt zu haben. Zum Ende hin spielten wir noch elf gegen elf. Eigentlich lief alles super, doch Schafstall war mal wieder mit irgendwas überhaupt nicht einverstanden und pflaumte gerade Zumdick an. Das Spiel war unterbrochen. Jedenfalls dachten das alle – bis auf den Cousin. Der trabt munter weiter rechts die Linie entlang, versucht, eine Flanke zu schlagen, und schießt den Ball im hohen Bogen hinters Tor. Wir bleiben alle wie angewurzelt stehen und schauen der Kugel hinterher. Dann hörst du plötzlich nichts mehr, und der Ball donnert Schafstall genau an den Hinterkopf. Im nächsten Moment: 22 Spieler auf dem Boden beim Schuhbinden. Wir haben uns kringelig gelacht. Nachher kam Gerland zum Cousin und hat ihm seinen Arm um die Schulter gelegt: **›Da kannst du nichts für, Junge. Dat Gras ist ein bisschen hoch gewesen, was?!‹**«

Heinz Knüwe auf einem Trecker (1975)

Starschnitt ....
Thomas Stickroth

»Der schönste Fußballer, der je geboren worden ist, in Deutschland!«

(Uwe Fellensiek)

Stickinhos Mannschaftskollegen Dariusz Wosz und Peter Peschel

»**Publikumsliebling**, weil er immer was versucht hat, von hinten heraus nach vorne zu spielen. Mit seinen langen Haaren. Und dann wollten alle immer den Übersteiger sehen, war natürlich total überflüssig von ihm, das zu machen, aber er wollte die Fans immer begeistern.«

(Rein van Duijnhoven)

»In dreißig Sekunden hat er zwanzig Übersteiger gemacht und das haben die Fans geliebt, auch wenn es teilweise schon zu viel war. **Teilweise ging es uns auf den Keks**, weil Sticki das manchmal übertrieben hat. Er hatte den Ball kaum gekriegt, da haben die Zuschauer schon gerufen. Und das war dann diese Verleitung: **›Sticki, mach das mal.‹** Teilweise darf man das aber nicht hinten machen. Wenn das vorne gewesen wäre, klar, kann man das machen, aber wenn die Flanke noch rechtzeitig kommen muss und er macht noch zwei Übersteiger, und er ist fast im Aus, dann fragt man sich: **Flankt der jetzt oder macht er seine Übersteiger für die Fans da drüben?«**

(Dariusz Wosz)

Dariusz Wosz und sein Mercedes (1993)

Auf dem Trainingsplatz. Coach **Rolf Schafstall**: **»Wenn ich das manchmal sehe, was wir hier für schwache Fußballer haben. Mann, Mann, Mann!« Die Stimme aus dem Off fragt nach: »Aber woran liegt das denn?«**

»Warum? Weil sie sich keine Mühe geben, Herrgott noch mal! Das ist das doch hier. Zwei, drei sind dabei, die können das. Alle anderen können es nicht, ne! So eine Scheiße ist das hier. Da kannst du alles trainieren. Jede zehnte Flanke kannst du gebrauchen. Ende, ne!«

Während Schafstall mit Trikot in der kurzen Buxe und verzweifelt ausgebreiteten Armen seine Tiraden weiter rausschreit, läuft er inmitten der trainierenden Spieler über den Platz. Als von rechts der Ball an die Strafraumgrenze gespielt wird, ruft der VfL-Trainer mitten in die Szene hinein: **»Ja, und jetzt?!«** Ein Bochumer Spieler nimmt den Ball wunderschön volley, trifft ihn optimal und ballert ihn mit einer vorbildlichen Schusshaltung – an die Latte. Schafstall hat endgültig genug. Mit einem letzten Blick voll angestautem Ekel schaut er knapp an der Kamera vorbei und ruft quer über den Platz: **»Siehste?! Mann, Mann, Mann!«**

Rolf Schafstall und Hermann Gerland freuen sich über ein 6:1 gegen Fortuna Düsseldorf (Mai 1984), dahinter Erich Klamma.

Starschnitt ....
Thomas Kempe

»Ich habe schon versucht, spielerisch 'ne Lösung zu suchen, und nicht immer nur bolzen, bolzen. Es hieß ja immer: **Bochum**, die graue Maus. Da wollte ich schon mal ein paar spielerische Sachen mit reinbringen. Und ich glaub schon, von mir behaupten zu können, dass ich mit der spielerisch stärkste Spieler war. Okay, dann sind halt mal ein paar Böcke passiert, aber ich sag mal, ich habe nicht umsonst fast 400 Bundesligaspiele gemacht. **Spitzname war Mario, immer, nach Mario Kempes**.«

»Mit dem Flugzeug!«

(Thomas Kempe auf die Frage, wie er denn zu einem Trainer-Engagement in Panama gekommen ist)

»Ihr könnt Eimer zum Kotzen mitnehmen.«

(Peter Neururer bei der Ankündigung eines Trainingslagers, als er sah, dass einer seiner Spieler einen Tennisschläger eingepackt hatte)

»Wir sind **zu stark**, um da unten wieder rauszukommen.«

(Klaus Toppmöller)

»Als **Redner** gefällt er mir am besten, weil er einer derjenigen ist, die drei Sätze unfallfrei geradeaus reden können.«

(Jörg Wontorra über VfL-Trainer Reinhard Saftig)

»Wir haben uns dilettantisch wie eine **Schülermannschaft** angestellt, wobei ich nichts gegen Schüler habe.«

(Friedhelm Funkel)

»Das Vereinslied können wir nicht mehr singen. Bei uns sind zu viele Spieler im Stimmbruch.«

(Bernard Dietz)

SHOW BIZ

Fans verewigen unseren VfL auf CD

Der VfL Bochum geht in der Bundesligasaison 92/93 völlig neue, musikalische Wege. Damit das Publikum die Spieler auf dem Rasen mit 1.000 "Goldkehlchen" nach vorne treibt, wurde eigens für die neue Spielzeit eineCD produziert. Und die hat es in sich! Die beiden Songs "Mein VfL" und "Unabsteigbar" bieten Musik mit Pep in Hitparadenqualität.

Bis zur fertigen CD war es allerdings ein langer Weg. Nur wenige Tage standen für die Texte, die Musik und die Aufnahmen zur Verfügung. VfL-Geschäftsführer Detlef Romeiko übertrug die Produktion der "VfL-CD" der Dortmunder Agentur Eisenblätter & Kerzel. In zahlreichen Nachtschichten schufen Siggi Bemm jr., Ralf Figura und Detlef Götte, genannt "Tötl L'Amour", zwei Songs der Extraklasse. Thomas Hagen-Riemer holte den Text den Fans direkt aus der Seele.

Das Ergebnis ist hitparadentauglich: Zwei Songs, die vor allem VfL-Fans in Herzen und Füße gehen werden. Am Abend des 27. Juni schlug die Stunde der Wahrheit! Eine Schar stimmgewaltiger Fans griff unter Leitung von VfL-Tenor Detlef Romeiko im Studio zum Mikro, um die Refrains von [...] mer. Abhilfe kam von den Fans. Sie hatten das Wort "Unabsteigbar" erfunden. - Ein starker Slogan für den VfL Bochum.

Bei der offiziellen Pressekonferenz des neuen VfL-Hauptsponsors Faber am 3. August kam die CD bei den Vertretern von Presse und Rundfunk gut an. SAT 1 plant die Aufzeichnung eines Gesangs-Videos mit VfL-Fans im Ruhrstadion. Stimmgewaltige Fans melden sich dafür in der Geschäftsstelle. Als "Schmankerl" ist auf der VfL-CD die Hymne auch als Instrumentalversion zu finden: Zum Selbersingen mit dem beiliegenden Text.

***Kraftig "geschmettert"** haben die VfL-Fans und Detelf Romeiko im Studio (Bild oben). In der Pause(Bild unten): Komponist "Töt" (re.) - diesmal mit Käse.* **Fotos: Kerzel**

»Wir sind 2005 noch ungeschlagen.«

(Peter Neururer nach einem 2:2 zum Rückrundenauftakt gegen Hertha BSC)

Thorsten Legat nach seinem Wechsel von Bremen nach Frankfurt: **»Ich hätte auch woanders ins Ausland gehen können.«**

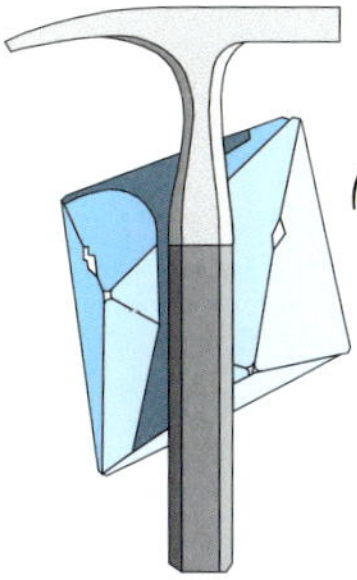

»Steigt **Bergmann** beim VfL ab?«

(Der »kicker«, als der VfL Bochum den neuen Trainer Andreas Bergmann verpflichtete)

»**Toppmöller** kommt gut an. Bei den Schlauen und bei den Doofen.«

(Reiner Calmund)

»Der Mann neben mir sagt nur einen einzigen Satz. Zu diesem Zeitpunkt weiß ich noch nicht, dass ich in der gesamten Saison keinen weiteren mehr von ihm zu hören kriegen werde. Er sagt: **›Der einzige Brasilianer, der keinen Fußball spielen kann, spielt ausgerechnet für uns!‹**«

(Aus Frank Goosens »Weil Samstag ist«; gemeint ist der Spieler Edu)

Achtung, Bayern! Goosen schreibt vom Abseits-Tor...

Erst Cottbus, jetzt Klinsi?

VfL-Fan und Schriftsteller Frank Goosen (42/ u.a. „Liegen lernen") versucht vorm Bayern-Spiel erneut die Bochumer Zukunft zu beeinflussen...

Hatte er in seiner Stadionheft-Kolumne („Gossens Spielzeit") gegen Energie ERFOLGREICH

Starschnitt ....

Dariusz Wosz

Geschichten über...

Dariusz Wosz

Der frühere DDR-Spieler (mit Freundin Steffi), seit dem 15. 12. bei Bochum, hat Probleme mit seinem Namen. Bochum druckte Foto und Namen in der Stadionzeitung „express". Leider schreibt der VfL den Namen falsch – und zwar so: „Wosc". Vielleicht hat [der] Klub falsch abgeschrieben. Selbst im vom DFB beglaubig[ten] Vertrag wird er mit „c" geschrieben. Wosz zu SPORT-BILD: [„Ic]h werde mit ‚sz' geschrieben und ‚Wosch' gesprochen."

In Bochum wird er die **»Zaubermaus«** genannt. Er ist 26 Jahre jung und aus Halle an der Saale zum VfL gekommen. Dariusz Wosz ist zum Star gereift und unterschreibt einen Vertrag, der sieben (!) Spielzeiten bis ins ferne Jahr 2003 läuft. Der Mann weiß eben, was er aus seinem Leben machen möchte: **»Nach einem Platz in einem Bochumer Altersheim habe ich noch nicht geschaut, dazu hatte ich keine Zeit. Aber aufgeschoben ist nicht aufgehoben. Schließlich will ich noch mit 40 für den VfL spielen und dann anschließend eine Jugendmannschaft übernehmen.«**

Die große Bochumer Schauspielerin **Tana Schanzara** ist ganz von Dariusz Wosz begeistert. Über den kleinen Mittelfeldspieler sagt sie: »Er ist wie ein Tanzbuffo. Eine Besetzung für die Operette. Ein **Tanzbuffo** tanzt, ist klein, lustig und zierlich und spielt mit der Tanzsuprette zusammen ein Pärchen. Wendige Menschen sind das!«

»Weil hier doch sonst nichts mehr ist! Opel weg, Nokia weg – wenn jetzt noch der VfL in der Versenkung verschwindet, können wir gleich auf die Ortsschilder schreiben: **»Bochum – bitte fahren Sie weiter. Hier gibt es eh nichts zu sehen.«** Die Stadt braucht den VfL wie die Luft zum Atmen.«

»Ich möchte mich noch mal bei die Leute bedanken, die hinter meinem Rücken gestanden haben.«

»**Niemand** spielt absichtlich schlecht. Wir lassen doch **kein Geld** auf dem Platz liegen.«

(Zur Kritik, die Bochums Ex-Trainer Bernard Dietz an seinen Leistungen übte)

»Auf dem Platz war es totenstill. Denn Schreien kostet Kraft.«

»Er wird von seinen Gegenspielern in absolute **Einzelhaft** genommen.«

(Thomas Stickroth über die Sonderbewachung von Wosz)

Der Hausherr ganz privat. Dariusz Wosz mit Ehefrau Steffi, den Töchtern Nancy (6), Jolanta (4,5 Wochen) und Terrier Benni.

Bei **Peter Neururer** und dem VfL Bochum läuft es in der Saison 2003/04 super. Die Stimmung ist geradezu ausgelassen, wie man hervorragend in diesem Interview mit der Wochenzeitung »Die Zeit« unter der Überschrift **»Zu Höherem berufen«** nachlesen kann. Interviewer: »Jetzt sind Sie oben. Ist es schön, wieder ein gefragter Mann zu sein?« Neururer: **»Wieso wieder? Ich war seit 1986 immer gefragt.«** I.: »Na ja, Sie waren während Ihrer Trainerkarriere insgesamt drei Jahre lang arbeitslos.« N.: **»Aber auch, als ich zu Hause gesessen habe, war ich gefragt. Nur habe ich da aus Überheblichkeit zu lange meine Situation verkannt. Als der erste, zweite, dritte in arger Not befindliche Erstligist anrief, war das nicht mein Ding. Da war Peter Neururer zu Höherem berufen! Als dann nur noch Zweitligisten anriefen, war ich erst recht zu Höherem berufen. Irgendwann rief leider keiner mehr an. Da bin ich in ein verdammtes Loch gefallen.«** I.: »Und was war in diesem Loch?« N.: **»Stille. Das Telefon klingelt nicht mehr. Es klingelt einfach nicht mehr. Ich dachte: ›Was ist hier los? Jetzt muss was passieren!‹ Wenn es dann doch mal klingelt, hofft man natürlich, dass Berlusconi vom AC Mailand dran ist, aber es ist nur die eigene Mutter.«** I.: »Auch ein Grund zur Freude.« N.: **»Aber nicht in diesem Moment! Und dann fragt sich die Mutter: ›Was ist bloß mit dem Jungen los? Ich habe dem doch nichts getan!‹ Da war ich oft ungerecht.«**

INTERNA

FUßBALLKASPER

VfL-Trainer Peter Neururer mit Puppenspielerin Andrea Praus

Während der Bundesligapause wegen der Länderspiele legen die Nicht-Nationalspieler des VfL die Füße nicht hoch. Am nächsten Freitag, 10. Oktober, trifft die Elf von Trainer Peter Neururer im „Stadion Am Lotter Kreuz" in Lotte bei Osnabrück auf den Zweitligisten Arminia Bielefeld. Anstoß ist um 19 Uhr.

Im Nachwuchsrundenspiel des VfL im französischen Nancy kamen die zuletzt in der Bundesliga nicht so häufig berücksichtigten Profis Michael Bemben, Filip Tapalovic, Martin Meichelbeck und Neuzugang Edu zum Einsatz. Nächster Termin der internationalen Nachwuchsrunde: Mittwoch, 22. Oktober, gegen den FC Metz.

NeuRUHRrerSTADION

viva la revolution!

„Sohn, langsam wird es zu auffällig."
„Bitte Vater, nur noch zwei Spiele."

WIR BLEIBEN DRIN!

VfL BOCHUM
WIR BLEIBEN DRIN!
1848

Pedda, we have a problem!
Sorry guys, no time!

Starschnitt ………………
Hermann Gerland

»Ich war immer froh, dass Hermann bei uns in der Mannschaft gespielt hat. Wenn ich im Training gegen Hermann spielte, das war schon … der ging ja ran wie Ferkels Wilhelm. Ob das jetzt Training war oder Spiel, er war immer gleich. Immer den Katzenbuckel und dann kam er. Manchmal war es auch einfach, Hermann ein bisschen zu verarschen. Da wurde er ja noch ösiger und dann hab ich gesagt: **Hermann, komm, ich geh jetzt nach hinten, turn du mal da vorne rum.**«

(Jupp Kaczor)

Fr.-Josef Tenhagen

Franz-Josef Tenhagen (31. 10. 1952), gehört zu den häufigsten und besten Spielern beim VfL Bochum, fehlte in der letzten Saison in keinem Meisterschaftsspiel und zeichnete sich immer aus, wenn es um viel ging.

»Wenn **Ente Lippens** den Hermann gesehen hat, dann wäre der am liebsten gar nicht aufgelaufen.«

(Jupp Tenhagen)

»Immer wenn ich Hermann gesehen habe, habe ich gesagt: ›Guck mal, da kommt Quasimodo!‹ Das war einer der wenigen, gegen den ich überhaupt nicht spielen konnte. Ich weiß nicht, woran es gelegen hat, aber der war ja so was von schnell. Wenn der seinen Buckel machte und abging wie ein Pfeil. Den habe ich an der Mittellinie umspielt, bis zum Sechzehner viermal, der war immer wieder da. Beim fünften Mal hat er mir dann den Ball abgenommen.«

(Willi »Ente« Lippens)

Hermann Gerland beim 4:1-Sieg des VfL gegen Borussia Dortmund in der Saison 1978/1979

»Hermann hat mit 23 einen Spruch gemacht: **›Ich bin in Weitmar geboren, ich will in Weitmar sterben.‹** Mit 23 Jahren, das muss man sich mal reintun.«

(Konditionstrainer Erich Klamma)

Hans Walitza und Hermann Gerland verfolgen skeptisch das Spielgeschehen (Oktober 1973).

Hermann Gerland hat einmal erzählt, wie es früher auf dem gefürchteten Betzenberg für die Gastmannschaft zuging: »In Kaiserslautern, als ich da gespielt habe, da flogen Fledermäuse durchs Stadion. **Fledermäuse**. Und dann stand da ein Linienrichter, da war einer von denen drei Meter abseits, da hat der gewagt, die Fahne zu heben; der hat die Fahne gehoben. Aber nur einmal. Beim zweiten Mal stand einer sechs Meter abseits, da stand der Opa mit der Krücke da und hat gemeint, ich habe doch schon beim ersten Mal gesagt: **›Hebst du noch einmal die Fahne, Junge, ich hau dir mit der Krücke die Fahne runter.‹** Und: **Das hat der nicht nur gesagt!**«

Hermann Gerland im Jahr 2011 auf seinem ersten Fußballplatz beim SV Weitmar 09

Lothar Woelk diskutiert lautstark mit Linienrichter Manfred Grabinski, während ihn Schiedsrichter Wolf-Dieter Ahlenfelder fast zärtlich zu beruhigen versucht.

»Hömma, **Jupp**. Ein bissken ruhiger jetzt. Wir wollen doch gleich noch schön ein Pott Bierchen zusammen schlürfen, oder nicht?«

(Schiedsrichter Wolf-Dieter Ahlenfelder zu Jupp Tenhagen, der kurz vor einem Platzverweis stand)

»Er trägt eine so **große** **Armbanduhr**, die würde ich mir höchstens ins Wohnzimmer hängen.«

(Manager Stefan Kuntz über seinen Spieler Joel Epalle)

»Ich zum Beispiel kann nicht zum Public Viewing gehen, weil ich **panische Angst** hätte, bei einem Torjubel **einen Dortmunder zu berühren**.«

(Fan des VfL Bochum aus Münster)

»Dann sag ich: **Frau**, spring auf, ich kann nicht.«

(Marijo Maric auf die Frage, was er mache, wenn nachts das Baby schreit)

»Wer in Bochum von Strafraum zu Strafraum geht und sich dabei nicht den **Knöchel** bricht, dem gebe ich einen aus.«

(Christoph Daum)

Heinz-Werner Eggeling

»Man nannte ihn die **›die Lunge‹**. Jupp hätte nach dem Spiel woanders noch einmal ein Spiel machen können. Und anschließend **nach Hause laufen …**!«

(Heinz-Werner Eggeling über Jupp Tenhagen)

Jupp Tenhagen mit Frau Ingeborg und den Kindern Diane und Tanja (1977)

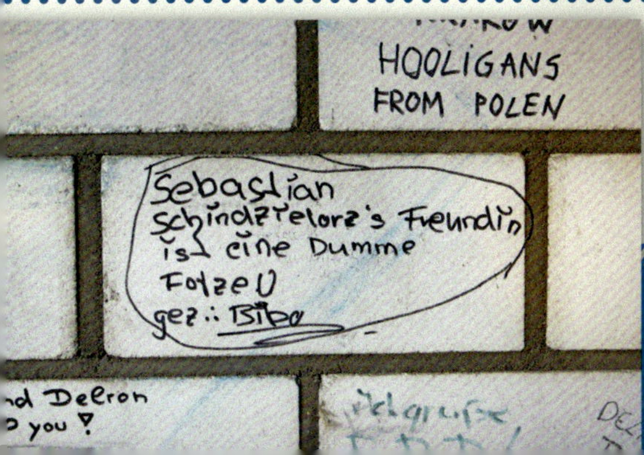

»Richtigen **Druck** spüre ich nur beim Stau auf der B1.«

(Rolf Schafstall)

Über ein Trainingslager auf Sylt meinte Trainer Heinz Höher einmal: **»Es hat nur zweimal geregnet: einmal fünf Tage, einmal acht Tage.«**

Hätte Abhilfe schaffen können: der Regenschirm aus dem VfL-Shop.

»Wenn schon **doof** verlieren, dann wenigstens in Bochum.«

(Ex-VfLer Torsten Kracht, damals bei Eintracht Frankfurt)

»Sowohl als auch. **Einer**, der auf **Abseits** gespielt hat, hat gepennt.«

(Peter Neururer auf die Frage: »Haben die da auf Abseits gespielt oder gepennt?«)

»Nen Raubanz. Der hat gegen alles **getreten**, was sich bewegt. Der hat auch gegen Bahnschwellen getreten.«

(Wolf-Dieter Ahlenfelder über Hermann Gerland)

»Was für eine Frage! **Für unseren VfL würde ich sterben**. Das ist mein Verein.«

(Thorsten Legat auf die Frage, ob er immer noch mit seinem Ex-Verein leiden würde)

Westdeutscher
Fußballmeister
1970 1971
BO-M 43

Ben Redelings ...

... **ist Deutschlands erfolgreichster Fußball-Komiker,** außerdem ist er **Bestsellerautor,** Filmemacher und »der ungekrönte Meister im Aufspüren kurioser Fußballgeschichten« (»Deutsche Akademie für Fußballkultur«). Regelmäßig schreibt er für »Spiegel Online« sowie für die Magazine »11FREUNDE« und »Reviersport«. Nach Meinung der »Jungen Welt« tut er dies sogar »um Längen besser als Nick Hornby«. 1975 in Bochum geboren, wollte er eigentlich Lehrer werden. Nach dem ersten Staatsexamen siegte jedoch die Liebe zum runden Leder. Seine Fußballabende SCUDETTO sind **deutschlandweit** bekannt, regelmäßig ausverkauft und genießen mittlerweile Kultstatus.

Ben Redelings hat in den letzten Jahren zahlreiche Bücher im Verlag Die Werkstatt veröffentlicht, sein Buch »Fußball ist nicht das Wichtigste im Leben – es ist das Einzige« war der erfolgreichste Fußballroman 2008 und wurde für das »Fußballbuch des Jahres« nominiert. »50 Jahre Bundesliga. Das Jubiläumsalbum« schaffte es mehrmals auf **Platz 1 der Sport-Bestsellerliste**.

Termine und Blog:
www.scudetto.de

»Eine Sammlung unwiderstehlicher Stilblüten.«
(»Spiegel Online«)

»›Tausche Schwester gegen Endspielkarte‹ ist eine Schatzkiste voller Weisheiten rund um die schönste Sache der Welt.«
(»Hamburger Morgenpost«)

»Ausgesprochen kurzweilig.«
(»Prinz«)

»Ein bunter Mix!«
(»Reviersport«)

»Das Sammelsurium bietet auf 384 Seiten Stilblüten, die es mit dem Unterhaltungswert eines Ligaspiels locker aufnehmen können.«
(»WAZ«)

www.werkstatt-verlag.de

ISBN 978-389533-843-4, € 9,95